U0831020

华夏文库
经典解读系列

切问近思 益心启智

——悟解《近思录》

查洪德 著

中原出版传媒集团
大地传媒
海燕出版社

“华夏文库”发凡

毫无疑问，每一个时代都有属于自己时代的精神追求、文化叩问与出版理想。我们不禁要问，在21世纪初叶，在全球文明交融的今天，在信息文明的发轫初期，作为一个中国出版人，我们正在或者将要追求什么？我们能够成就或奉献什么？我们以何种方式参与全球化时代的文化传播进程？在一连串的追问下，于是，有了这套“华夏文库”的出版。

自信才能交融。世界各大文明在坚守自身文化个性的同时，不约而同地加快了探视其他文化精神内涵的步伐，世界不同文明正在朝着了解、交流、碰撞、借鉴与融合的方向前进。在此背景下，建立自身的文化自信，正是与世界各文明民族进行文化交流的基本要求。五千年中华文明与文化正在不断地被其他文明所发现、所挖掘、所认知，汉语言正在生长为世界语言，儒文化正在世界各地生根发芽。借助这样一种正在成长着的文化自信、自觉、开放、亲和之力，用我们这个时代的学术眼光全面系统梳理中华五千年的文明与文化，向其他各大文明与文化圈正面展示自我，让中华优秀文化成为世界文化的重要组成部分，正是我们出版这套文库的目的之一。此其一。

知己才能知彼。身处五千年文化浸润的今天，重新思考我们先人的人生思考、价值思考与哲学思考，找到一个民族、一个国家的价值所在、立命所在、安身所在，这已经是我们这个时代的学人与出版人不得不再思考的问题。作为中华文明的一分子，我们在思考的同时，还必须了解我们的先人创造了如何优秀的精神文明与物质文明以及社会文明。只有熟知自己的文化，热爱自己的文化，悟明自己的文化，我们才能宣说自己、弘扬自己、光大自己。因此，我们策划组织这套“华夏文库”的初衷，还在于让当下的知识青年全面系统瞭望中华文明与文化的全景，并借此能够对更为深广的世界各民族文化提供一个比较认知的基础。此其二。

顺势才能有为。我们正处在农耕文明、工业文明、信息文明的交会处，信息文明带领我们从读纸时代进入读屏时代，以智能手机屏幕为代表的书籍呈现方式正在与纸质书籍争夺阅读时间与空间。我们正在领悟数字技术，正在以信息文明的视角，去整理、分析和研究农耕文明与工业文明的文化遗产，不仅仅是为了唤醒优秀的传统文化，我们还在生发和原创着当今时代的文化。由此，我们试图架起一座桥梁——由纸质呈现而数字呈现，由数字呈现而纸质呈现，以多媒介的书籍呈现方式，将文字、图像、声音与视频四者结合，共同筑成“华夏文库”，以奉献给信息文明时代的新读者。此其三。

总之，这是一套——专家大家名家写小书；以最小的阅读单元，原创撰写中华精神文化、物质文化与社会文明系列主题与专题；以图文、音视频多媒介呈现的方式，全面介绍与传播中华文明与优秀文化，系统普及与推介中华文明与文化知识；主旨是为了让世界与中国共同了解中国的——大型丛书，借此，复兴文化，唤起精神，融入世界。

耿相新

2013年6月27日

我读《近思录》

人们相信人与人有缘分，其实人与书也有缘分。我与《近思录》就有缘。1990年，我开始从事元代诗文和文学批评的研究。接触以后，深深感到，要深入进去就必须懂得理学。我开始读一些理学的书。正在这时，当时在中州古籍出版社工作的郭孟良先生找到我，说他策划了一个《中华大智慧》的小丛书，包括《论语》《近思录》《传习录》三种，希望我整理其中的《近思录》。从这时起，我就和《近思录》结缘了。这时是1994年，到现在已整整二十年。

老实说，当时我对《近思录》并没有多少了解。因为是要做注释，就找几个本子对着读。这一读，就喜欢了。在撰稿的过程中，出版社出现了新的情况，这书转给一位个体出版商出版。出版商要赶进度，稿子是催出来的，印装也以想象不到的速度完成了。书出来了，拿来一看，错处触目即有。从书出来那一刻起，我就希望有机会重新整理，减少错误。还是郭孟良先生，在他的策划下，我做了很大修改的《近思录》注译本2004年由中州古籍出版社出版。尽管依然难以令人满意，但总算可以稍慰胸怀。2008年，再次修订本由中州古籍出版社出版，感觉就比较好些了。2004年本出版以后，社会上已经有很多《近思录》的整理本了，并且有多家出版社和我联系，请我为他们做《近思录》整理，我大多拒绝了。到2008年本出版后，《近思录》在社会上差不多成了热门图书。不过据我在网上看的信息，中州古籍出版社的版本是其中较受欢迎的。2006年我在南开大学给古代文学专业硕士生讲理学概论课，2007年开始给古代文学专业博士生上儒道经典选读课，都是让大家读《近思录》。这样，我对《近思录》的了解越来越多，对《近思录》的感情也越来越深。

在我最初整理《近思录》时，理学依然是遭受批判的。我很佩服郭孟良先生的眼光，那时他就拿了《近思录》和《传习录》出版。时至今日，国学已经在中国热了好几年。使我感慨的是，当初批判理学的，固然没有几个人真的了解理学，那么在今天“国学热”中，那些狂热的“国学爱好者”真的都懂得国学吗？我们不要求每一位国民都对中国传统文化有多深造诣，但读一点书，有一点比较切实的了解（我说的只是了解），那就好多了。我滥竽充数地做了个天津国学研究会的副会长，听过某些自称国学研究者大谈国学，我不知道，这样的“国学热”，是国学之幸还是不幸。

几十年前，汤用彤先生写过一部书，书名叫《理学谵言》。“谵言”这个词不常见，换个俗的说法就是胡话，就如一个发高烧的人的胡言乱语。他为什么取个这样的书名呢？因为他写书时，自己对理学的看法与潮流不合，他说的话，很可能被当时追逐潮流的人看作胡话。这部书的开卷语，很能触动我。他的大意是说：对海外的交流不被禁止，各种思想言论多而且杂乱，读书人流于圆滑之习，风俗也陷于喧嚣躁乱。于是，人们看见不合时宜的东西就讨厌，看见理学先生更加厌恶。青年人来到京城，遇到某理学先生，就多次和同辈们呵斥他。后来，在学校没有事做，偶然翻理学的书，最初是格格不入，但时间长了看得熟了，知道了其中讲的“理”，讲的“性”。再后来也知道所谓的程、朱、陆、王，再后来，不知不觉沉浸其中了。每每感慨说：理学是“中国之良药也，中国之针砭也，中国四千年之真文化真精神也”。他又说：把古代的理学和现在的科学比，人们都厌恶理学而喜欢科学。他们不知道，理学讲的是天人之理，是万事万物之理，是形而上的学问，是关乎人心的学问；科学只是自然界的一些固定的规则定律，生产和生活中应该遵循，可以用来治身而不能治理人心，能够影响人的形体而不能影响人的精神。厌恶理学而乞灵科学，那就是抛弃精神而放任自己的躯壳。全国的人都讨厌理学，那整个国家的人都成了行尸走肉，那还成其为国家吗？唉，国家残破，快要灭亡了，坐而思之，能不感慨嘛！

我们今天读这些话，依然感慨很深。我们现在倒不用担心国土沦亡，但如果人心沦丧，一个民族精神都没有了，不是更令人悲哀吗？

现在，我们更需要像《近思录》这样有益身心的书。

《近思录》是南宋朱熹和吕祖谦两人编选的，他们选取北宋理学大师周敦颐、张载、程颢、程颐四人的语录“关于大体而切于日用者”六百二十二条，按类编排，共分十四卷。宋孝宗淳熙二年（1175），朱熹四十六岁，吕祖谦三十九岁。吕祖谦从浙江来到福建，与朱熹会晤。两人在寒泉精舍相与读周敦颐、张载、程颢、程颐的著作，深感四人之书广大宏博，初学者不易把握，为后学晚进计，他们编订了这本《近思录》。书名取《论语》中“切问而近思”之义，意思是就眼前的问题思考，由近而及远，下学而上达，不废初阶，循序渐进。在此后的七百年中，《近思录》一直是一部影响很大的书，元、明、清之大儒，多熟读《近思录》。这书在海外也有流传，明正德间，就曾在朝鲜刊行。

《近思录》为什么能如此流行呢？首先它体现了宋代理学大师周、张、二程思想的精华。一编在手，周、张、二程的学说和思想尽收其中。其次这书条理分明，整齐有序。北宋的理学大师很少写文章，他们用语录传道。他们讲学就是随便谈话，弟子有问则答，问什么答什么。有时是想到哪里讲到哪里。他们的一些著作，如《二程遗书》等，是弟子记录的整理，也是随闻随记。因此，他们的著作，多是比较散乱的，没有逻辑顺序可循。《近思录》弥补了这一缺陷，全书构成了一个完整的逻辑体系，各章之间逻辑关系分明，使读者有脉络可寻。当然，这里也有一个问题：书的第一卷叫《道体》，讲理学之“道”，是全书最难读的部分。编者之一吕祖谦建议读者从第二卷读起，最后再返回读第一卷。这确实是一个很好的建议。

书名《近思录》，是引导读书人对儒家学说，从浅近处入手，切问近思，以达高远。理学的学说，是深奥的，也是浅近的。同是这部书，同一段话，初学者可以作浅近读，博学者可以作深奥读。初学者容易接受，博学者常读常新而不厌。这就是程颐说的：“圣人之言，自有近处，自有深远处。”“其远如天，其近如地。”用程颢的话说，这叫作“彻上彻下”之语，那些话，是浅近的，也是高深的。初学者一读就懂，老儒宿学，终生读之则终生受益。这是《近思录》适应很多读者，对各层次的读书人都会展现魅力的原因。

《近思录》是有益于身心修养的书，理学是修身养性之学，所以，读《近思录》一定要记住前贤的教导，不要把书中所讲只当作知识和理论，一定要切身切己，关乎身心，在读书中提升境界，完善德行，变化气质，涵养性格。《近思录》中有程颐这样的话：“凡看《语》《孟》，且须熟玩味，将圣人之言语切己，不可只作一场话说。人只看得此二书切己，终身尽多也。”用今天的话说就是：“凡看《论语》《孟子》，且要熟读玩味，把圣人的话都当作与自己切身的话来看，不可只当作一场话说。人只要把这两部书看得切身，一生的受益自是很多的。”陆九渊有诗说：“读书切戒在荒忙，涵泳工夫兴味长。未晓莫妨权放过，切身须要急思量。”明人薛瑄说："切问近思，最于身心有益。"

读《近思录》需要悟，《近思录》中前贤的语言要慢慢领悟。不悟，就不能得其真精神，甚至会感到困惑。比如二程著名弟子谢良佐，师从二程以前，已经大有学问，"初以记问为学，自负赅博，对明道举史书，不遗一字。明道曰：'贤却记得许多，可谓玩物丧志。'谢闻之，汗流浃背面发赤。明道却云：'只此便是恻隐之心。'及看明道读史，又却逐行看过，不差一字。谢甚不服。后来省悟，却将此事做话头，接引博学之士。"大程子程颢，学者称明道先生。谢良佐拜见程颢之前，以博学自负，还在程颢面前卖弄，随便举出一部史书的一个地方，他都背得烂熟。没有想到程颢不但没有表扬他，反而带讽刺意味地批评了他，他感到羞愧。等他发现程颢读书时，原来也跟自己一样，细读详记，就觉得程颢读书也是如此，为什么批评我？心里不服。但后来他领悟了，明白了怎么回事，明白了应该如何读书，于是也用程颢的方法指导那些博学的弟子。他"悟"了什么呢？他没有说，记载这话的人胡安国也没有说。《近思录》里还有张载的话："书须成诵，精思多在夜中，或静坐得之。不记则思不起。"按张载的说法，读书最好是熟读成诵，不背下来还不好。那么当初谢良佐的问题究竟在哪里呢？这样一个问题，我们今天是不是也需要"悟"呢？

《近思录》是一部益心明智的书，是一部有益身心的书。读好书如交好友，它给我们指出了做人的向上之路，愿所有读《近思录》的人都从中获益。

目 录

一 感知《近思录》

二 教你学做圣人

三 说不清的儒道佛公案

四 是是非非说理学

五 《近思录》推出的成语

朱子文集

五子近思錄卷之一

濂溪先生曰無極而太極太極動而生陽動極而靜靜而生陰靜極復動一動一靜互爲其根分陰分陽兩儀立焉陽變陰合而生水火木金土五氣順布四時行焉五行一陰陽也陰陽一太極也太極本無極也五行之生也各一其性無極之眞二五之精妙合而凝乾道成男坤道成女二氣交感化生萬物萬物生生而變化無窮焉惟人也得其秀而最靈形旣生矣神發知矣

《五子近思录》书影（据明崇祯刻本）

一

感知《近思录》

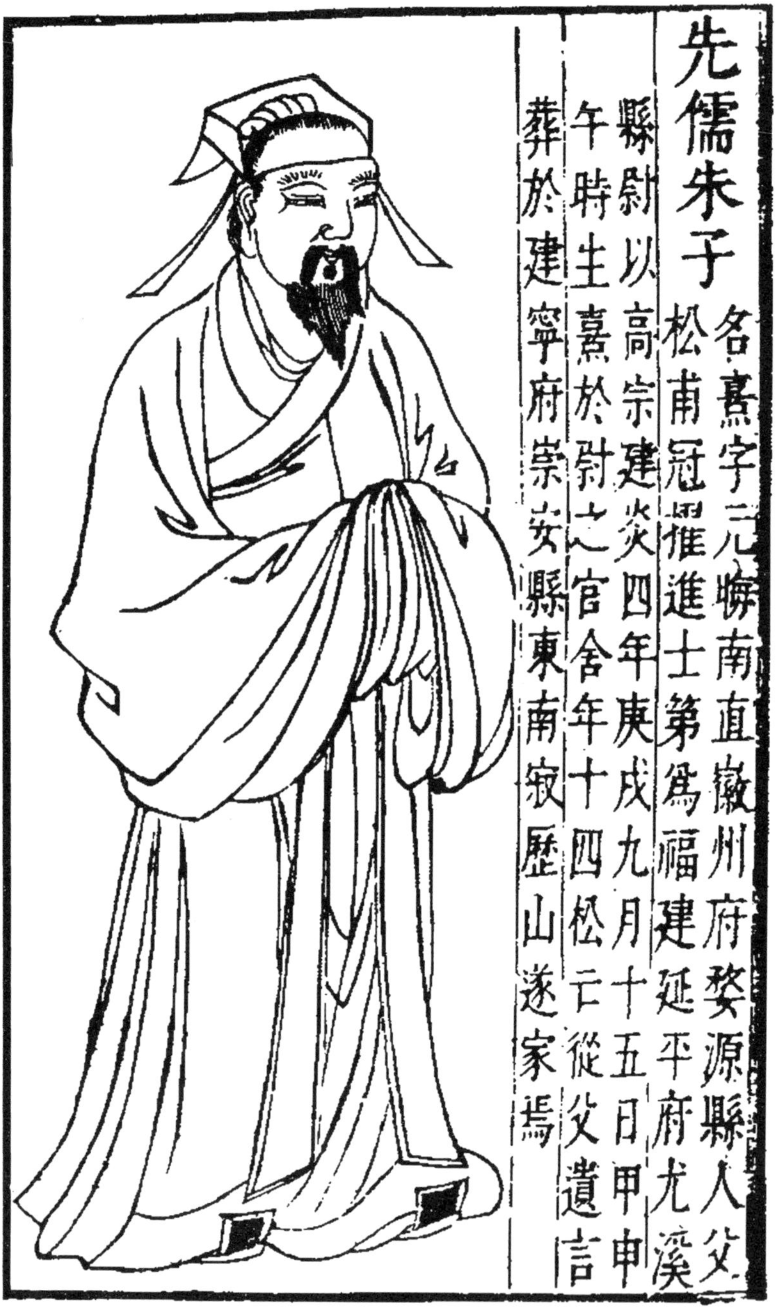

朱熹像（据明崇祯刻本《圣贤像赞》）

一部益心明智的书

宋代诗人陈师道有诗说："书当快意读易尽，客有可人期不来。世事相违每如此，好怀百岁几回开。"前两句大意是：读来心情愉快的书总让人觉得写得太短，还没读过瘾就完了；称心如意的客人，等他等他，他却总是不来。读一部好书，读来开心，是一种享受。晋代的嵇康喜欢读陆机、陆云兄弟俩的文章，说："每读二陆之文，未尝不废书而叹，恐其卷之竟也。"意思是说，每一次读陆机弟兄的文章，都会放下书感叹，总感觉文章太短，老怕读完。《近思录》，就是一部让人读来快意的书。

读书人一生与书为伴，读到的好书也不多。在我看来，好书大约有两类：一类是给你可靠知识的书，一类是使你聪明的书。换一个角度说，一类书丰富你的知识，一类书增益你的智慧。这两类书都很可贵，都很难得。但两相比较，后一类书更可贵，更难得。

有两类好书，也有两类读书法，也有两种学问。中国古代的士子都自认是圣人之徒，都读圣人书。同样读书，读同样的书，读书所得却大不一样。我可不是说，有人读出了千钟粟，有人读出了黄金屋，但更多的人一生困顿场屋，"十载攻书，半生埋没，学干禄，误杀我者也之乎，打熬成这一付穷皮骨"。这是元曲家的控诉。年轻气盛，也曾自认是“白屋公卿”，但白屋属于他，公卿与他无缘，一生住在白屋，公卿只在梦中，甚至读成傻子被俗人嘲笑。贫贱的、富贵的，这里都不说，只说那些读书而成大师的学问家。从汉代起，不知道多少人白首穷经，著述扬名。但宋代学者看了他们的著作，说他们都是章句之儒，只读得了经书的言语，却不明白经书的道理。于是嘲笑他们，说他们全都懵懂，个个都是在黑暗中瞎摸。这里边最明白的，要算唐代那位文章大家韩愈了，宋代的苏东坡推崇他，说他大功有二：“文起八代之衰，道济天下之溺。”汉以后文章就衰落了，到韩愈才振起，功劳够大了，但这还在其次，更大的功绩是，孟子死后，大道不明。圣道不明，那就如天无日月。《宋史》这样描述：“周公没，圣人之道不行；孟轲死，圣人之学不传。道不行，百世无善治；学不传，千载无真儒。”多么严重的问题呀！到韩愈出世，拯救了大道，那简直是再造天地了。但宋代的理学家不买这个账，在他们看来，和从汉到唐的其他人一样，韩愈也不明白“道”。苏轼表彰韩愈的这两大功绩，都不一定存在。“文起八代之衰”，有人认为，八代文章根本就没有衰，那恰是中国文学的“自觉时代”，没有“衰”，哪来“起”呢？至于说韩愈拯救大道，在二程等人看来，那根本不可能。因为在他们看来，韩愈本人就没弄明白“道”，哪能拯救“道”？总之，在宋代理学家看来，从汉到唐，多少儒者，无数著作，都没有弄清圣人要说的是什么意思，功夫全都下在言语文字上，用错了功夫。那叫“经存而道亡”，虽然经书还保存着，没有程颢他们出世，经书一直摆在那儿，谁也没有真读懂，一切都要等他们几个人。他们自称发明了千年不传的圣人之道，他们才是圣人之道的真正拯救者。元人修《宋史》，百分之百肯定了他们的说法，并大力表彰他们的功绩。说圣人之道，在孔子之后，有一系之传。孔子最得意的弟子颜回早死了，于是传道的大任由曾子担负了：“孔子没，曾子独得其传，传之子思，以及孟子。

孟子没而无传。两汉而下，儒者之论大道，察焉而弗精，语焉而弗详。”两汉以后的儒者，对于大道，心里弄不明白，说也说不清楚，总之都不靠谱。直到宋代，周、程、张、朱出世，圣人之道终于“焕然而大明，秩然而各得其所”。自孟子死后，太阳落山，一千多年，昏昏如长夜。到了大宋盛世，太阳终于重新升起，圣学复明。让太阳重新升起的，就是周敦颐、张载、程颢、程颐这些人。他们不敢说自己是太阳，但他们说自己让太阳重新升起来了，这叫“为往圣继绝学”。这话现在听起来滑稽荒唐，但古人可是坚信的。说来也巧，宋太祖赵匡胤有咏月诗句：“未离海底千山黑，才到天中万国明。”两者的思维，很有些近似。

不过，清代汉学复兴，清代的学者对经书下了很深的文字和考据功夫。这一“考”不打紧，宋儒那些高明的议论，一下子变得不可靠了，因为他们所依据的文献，在清人的考据下暴露了问题。那所谓圣人之学的颜、曾、思、孟一系之传，本身就靠不住。按说这一来，朱熹应该被打倒了吧。但这些考据家在中国学术史上的地位，始终也不能超过朱熹。这其中的原因，学者们可以去做种种的理论解释，但一般的读书人并不管那些，他们在乎的，只是读谁的书能够得到思想的启迪，也就是说，谁的书能读出聪明，能读出智慧。考据的学问是扎实的，给人的知识是可靠的，但那些考证与普通的读书人有什么关系呢？

按照理学家的说法，使圣人之道的阳光重新照耀大地的，是北宋的周敦颐、张载、程颢、程颐。使他们的思想系统化的，是南宋的朱熹。朱熹和他的朋友吕祖谦，按照自己的眼光，选取了周、张、二程讲学的语录，加以条理化、系统化，编成了这部《近思录》。《近思录》是周、张、二程思想的精华，是宋代理学的精华。

这是一部使你丰富思想、获取智慧的书，一部有益身心的书。

“绿满窗前草不除”的审美享受

一部书，如果能使人聪明，给人智慧，那是最好的书。衡量一部书的价值，不是看你从书里得到了多少，而是看它激发你想到了多少，领悟了多少。原本感到堵在心里、挡在面前，怎么想也想不明白的问题，一旦领悟，豁然贯通，了无滞碍，心也亮堂了，人也爽利了。朱熹诗《观书有感》第二首：“昨夜江边春水生，艨艟巨舰一毛轻。向来枉费推移力，此日中流自在行。”说的就是这种感觉。宋代有位叫熊节的人，对这首诗有解释，他说：“昨宵江之边春水新长，喻其读书穷理，忽有所得”，“艨艟，大船也，如一毫毛轻，喻其积年所阙之疑，一旦释然而悟”，“向日枉费推挽撑移之力，喻其向时未悟此理，枉费心力”，“今日中流帖然而行，不劳余力，谓此理既悟，彻上彻下，略无滞碍，亦犹舟行中流而自在也”。人聪明了，理解力也强了，如宝刀切玉，迎刃而无不解。读这样的书，不痛快吗？

如果你同意这个好书的标准，那《近思录》就是好书。它启发人思考，它让人聪明，它给人智慧。所以张载才有这样的自信，他宣称要“为天地立心，为生民立命，为往圣继绝学，为万世开太平”。非具大智慧，如何能有这样的自信？理学是开启中国人大智慧的学问，理学精华体现在《近思录》中，《近思录》是开启中国人大智慧的书。

20世纪，理学遭到臭批，于是在很多人心目中，理学是坏东西，是僵化的、迂腐的、让人生厌的东西。但宋元之际诗人翁森感觉不是这样，他觉得理学是那样美，那样富有情趣。他写过《四时读书乐》，写一年四季读书的乐趣，共四首，我很喜欢。我把这组诗的第一首即《四时读书乐·春》拿来和朋友们分享：

山光照槛水绕廊，舞雩归咏春风香。好鸟枝头亦朋友，落花水面皆文章。蹉跎莫遣韶光老，人生惟有读书好。读书之乐乐何如？绿满窗前草不除。

“读书之乐乐何如？”读书真是太快乐了。但快乐可以用多种方式表达，为什么要“绿满窗前草不除”呢？“窗前草不除”怎么就是快乐呢？窗前草不除，不是大白话，其中大有学问。宋代大儒程颢记自己当年跟老师周敦颐（字茂叔）读书时，“周茂叔窗前草不除去，问之，云：与自家意思一般”。什么意思呢？按照理学的说法，天地之大德，就是生长发育万物的仁爱之心。但天地之仁心不可见，只能从草木荣茂中见之。

周敦颐认为，自己的仁爱之心也是如此。读书学圣人之道，体圣人之心。圣人之仁体现的是天地之仁，圣人之心体现的是天地之心。窗前读书，窗外草木丰茂。书中得圣人之心，窗外绿色见天地之心，两相契合，如此之乐，乐何如哉！“窗前草不除”蕴含了如此深奥的学问，但诗既美又不艰涩。翁森的这首诗，全篇都很美，也都是学问：“山光照槛水绕廊”，多么美的读书环境呀！在读书人眼里，山山水水都能引发他对学问的联想，他想到孔子弟子在暮春时节“舞雩归咏”的乐事。《论语》记曾点自言其志：暮春时节，与友人“浴乎沂，风乎舞雩，咏而归”，表达一种潇洒超脱的人生追求和生活意趣。后世儒家称之为“春风舞雩”气象，是儒家追求的自适自得的人生状态。“好鸟枝头亦朋友”，张载讲“民胞物与”，民众都是我的同胞，一切“物”都是我的朋友，好鸟当然也是朋友。“落花水面皆文章”，你也许感到新奇，觉得很美，但这里的“文章”不是诗文，不是用文字写成的文章。文采而表现在外者为文章，礼乐制度是文章，一个人举止动作都符合“礼”的要求，那叫有文章，也就是孟子说的：“动容周旋中礼者，盛德之至也。”春天的美景与圣人大道相契合，翁森体会到了这种契合，心中有一种不可言说的快乐，于是就写成了这首诗。美的诗，美的学问。这学问，就是理学。

过去把理学说成是迂腐的，保守的，反动的，面目可憎的，是对理学的丑化。理学是祖先为我们留下的宝贵思想遗产，我们应该珍惜它，了解它，学习它。学习理学，从何入手？《近思录》就是理想的入门书。在明清时，《近思录》号称是天下士子必读书。明代学者蔡清，给我们留下了一条流传极广的格言：“欲为一代经纶手，须读数编紧要书。”清代学者刁包把这格言做了点改动，说：“欲承千圣绝学后，只读数编紧要书。”这“紧要书”，就有《近思录》。现代大学问家也看重《近思录》，国学大家钱穆说，有七部“中国人所人人必读的书”，就是《论语》《孟子》《老子》《庄子》《六祖坛经》《近思录》《传习录》。把《近思录》和中国圣经级的《论语》《孟子》《老子》《庄子》并列，可见钱穆把它看得多重。

《近思录》之言："其远如天，其近如地。"

他们如此推尊的《近思录》是一部什么书呢？前边已经介绍，它是南宋朱熹和吕祖谦编订的理学入门书和概论性著作。体现的是北宋理学家周敦颐、张载、程颢、程颐思想的精华，在中国旧时代文人中，影响极大。朱熹说："四子，六经之阶梯；《近思录》，四子之阶梯。"你要弄通六经吗？那你就从周、张、二程这里入手，一步步走向高深的六经；你要弄懂周、张、二程的思想吗？其文献浩繁，理论又难以把握，那你就从《近思录》开始吧，它引导你步步前进，达到高远。

前人还说，《近思录》这书，尽管只有十四卷，但"义理根源，圣学体用，皆在此编。其于学者身心疵病，应接乖违，言之尤详，箴之极切。盖自孔、曾、思、孟而后，仅见此书"。心性义理这些玄奥难懂的东西，它会从根源处跟你讲明白；圣人之学的基础理论和实际应用，这里也都讲得很清楚。至于人心修养存在的问题，在接人待物、处理事务时有悖理违情的问题，说得更详细，给人的告诫也最为恰切。从孔子、曾子、子思、孟子以后，这是唯一可以与孔孟并提的书。这是多么高的评价呀！

理学是高深的学问吗？是。理学是浅近的学问吗？是。理学是高深的，它讲的心性义理的话，确实含义比较深奥。但这些学问又都讲得很浅近，一般人都能理解。汉代扬雄说："圣人之言远如天，贤人之言近如地。"他认为，圣人之道和圣人的语言都是高深玄元的，贤人的语言是平易切近的。

程颐不同意他的说法，程颐认为，圣人之言本来就是浅近的，圣人大道无论多么高深，但同时也都平易，是容易理解的，应该说："圣人之言，其远如天，其近如地。"他还用孔子讲学的例子具体说明，他说：孔子的学问就像高远的上天，普通人的见识，与之相去太远太远了。他的弟子们既然在身边受教，就更了解他学问的高远。但是如果让人感到他的学问高不可及，那么向往之心就会懈怠（学不来的东西谁还会有兴趣呢）。所以孔子教人，常常依照所教对象的水平来讲。例如他说："出则事公卿，入则事父兄，丧事不敢不勉。"这都是君子普通行为。又说"不为酒困"，更是与普通人切近了。用他自己对待这些事的做法去教导人，不仅使那些天资低下的人努力想去做得到，而且那些才智高的人也不敢由于浅近而轻视。孔子之学是这样，《近思录》也是这样。

《近思录》是讲理学的。如上文所说，理学是一门美好的学问。清代的刁包说，读《近思录》可以得到一种莫名的快乐，得到精神的愉悦和享受："其辞和以蔼，其气粹以穆，其理明以备，跃然会心，不知手之舞之、足之蹈之也。"反正就是美吧，美得教人激动得手舞足蹈。

我们在《近思录》中能读到很多既启迪心智又利于修身的格言，如程颢说："富贵骄人，固不善；学问骄人，害亦不细。"老百姓仇官仇富，因为有些富人贵人没有修养，飞扬跋扈。但我们一定要记住，不要卖弄自己有学问，自以为有学问就鄙视他人，也一样有伤德性。程颐说："人之过也，各于其类。君子常失于厚，小人常失于薄。"他怎么说得这么透脱呢！想想你接触过的人，你能不佩服吗？他还告诉我们，不是一味待人厚道就是好，不当“厚”而“厚”也是“过”，甚至“厚”有时候也会伤着人。当自己因过于“厚”而犯错误时，连后悔都不知道怎么说。这当然不是教我们刻薄，就如孔子教我们的：以德报怨就过分，应该“以直报怨”。

近一百年来，理学离我们远了，我们不熟悉理学了。但理学以及孔子的儒学，都是教人做人的学问。中国人永远是把做人放在第一位的。要求当官的做官先做人；要求读书人有道德文章，做学问先做人。宋元明清几百年，做父兄的都谆谆教导子弟读朱子之书，学圣人之学，知书明理，做有修养的人。理学是修养身心之学，通过学习理学，可以涵养成或如春风和煦，或如秋月净朗，或从容怡然，或自然洒脱之气象。

当今之世，我们需要一种独立不倚的人格精神，能以精神之富足，抗衡世俗之富贵；我们需要廓然大公的心胸境界，使我心与天地同其大，其大无外，私欲消尽，渣滓化尽，终至于德盛仁熟。提升人生境界，塑造人格精神，理学是大有益于社会与人生的。

理学宗师程颢，人称明道先生。他的弟子朱光庭到汝州去见老师。朱光庭一见程颢，便完全为之倾倒了。老师的魅力不仅仅是学问，更重要的是人格气象。他感觉和老师在一起，受老师熏陶，那是人生最美好的事情。他这一去，住了一个月。回去后跟人谈感受，说：“光庭在春风中坐了一月。”我朱光庭简直就像在春风中坐了一个月。那是一种什么感受啊！现在流行的成语“如沐春风”“如坐春风”，就出自这里。

我们已经不可能和程颢坐在一起感受其气象了，但书还在，我们可以由书知人。《近思录》摘录了程颢语录的精华，读《近思录》，也能像朱光庭那样，坐在春风中感受先贤的人格气象。他的另一个学生谢良佐说：“明道先生坐如泥塑人，接人则浑是一团和气。”讲的都是程颢的人格魅力。如果一个人，别人和他坐在一起就感到幸福，就是一种享受，那是什么境界？我们希望能和这样的人相处，我们也追求成为这样的人。愿我们的世界，我们的周围，永远是春风和煦、朗月当空。

那就让我们一起读《近思录》，一起沐浴古人人格与智慧的春风吧。

身边的理学

理学在几百年前已经深入中国人心，尽管被批了一百年，但弥漫在我们空气中的理学观念，那些随口说来的词语，还是到处都是，只是我们不很清楚这些词语的来历。

比如，当我们看到一些人无法无天，为所欲为，横行霸道而没受到惩罚，极度气愤时会说："天理何在！"你觉得这些人这些恶行必须惩罚，又会说："天理不容！"这天理就是理学的概念。天理，用我们现在的话来解释，就是通行天下之理。

可是，我们过去一直批判"存天理，灭人欲"，把这作为朱熹的一条罪状。其实，朱熹没有说过"存天理，灭人欲"。南宋人胡安国说过类似的话，说人"要存天理去人欲"。后来朱熹的弟子黄干说："古人为学，大抵先于身心上用功。……无非欲人检点身心，存天理，去人欲而已。"那么什么是天理？天理其实就是社会公众应该普遍遵守的最基本的道德准则。什么是人欲？理学家说的"人欲"，有特定的含义：它不是指人的所有欲望，也不偏指人的生理欲望，更不是研究明代文学的人说的指人的性欲，而特指那些不符合"天理"的个人欲望，也就是违反公众基本道德准则的个人欲望、一己私欲。一个社会不能没有天理，不能缺少公众共同遵守的道德规范，否则这个社会将无法运行下去。社会的普遍道德规范是建立在正常的个人需要也即正常的个人欲望基础之上的，它所排斥的只是那些与公众利益相矛盾的、不符合公众道德的个人欲望。也就是说，“天理”并不否定合理的个人欲望，相反，合理的个人欲望需要天理的保护。如果今天让你回答：当某一个人的利益危害了社会的利益时，是应该维护社会利益呢还是维护那个人的一己私利？毫无疑问，你会主张维护社会利益，维护公众利益。你这是在自觉地维护“天理”而谴责“人欲”，那我们为什么还要批判理学家提出的“存天理去人欲”呢？一个没有“天理”而“人欲”泛滥的社会将是一个什么样的社会？

我们评价一个人的“气质”，也是属于理学的概念。大家可能很熟悉《隋书·文学传序》讲南北文学风格的那段话：“江左宫商发越，贵于清绮；河朔词义贞刚，重乎气质。”这和一个人的“气质”不是一个概念。说一个人的气质，是理学家讲的气质，张载说：“为学大益，在自求变化气质。”一个人学圣人之道最大的收益是什么？是改变自己的气质。“变化气质”具体含义是什么？按理学家的解释，有些复杂。程颐给哲宗皇帝上书中曾说到这个问题，我们把他的大意转述一下，大家从中体会。程颐说，皇帝现在很年轻，应该好好学习，养成好的品性和气质。现在善于教育自己子弟的老百姓，也一定要延请高名大德的先生，让孩子们跟这样的人在一起，熏陶成好的品性。况且陛下您正年轻，尽管皇帝您的明睿圣德是上天赋予的，但辅助与修养的措施，不能不完善。大致说吧，在一天里边，接触贤人士大夫的时间要多，和宫女、宦官在一起的时间要少，如此气质变化，美好的气质就会自然成就。我们现在说“腹有诗书气自华”，就是这气质。《近思录》里讲到气质的地方很多。《近思录》里有程颢这样一段话，有人问：有的人说话太急促，是不是这人气性不定呀？程颢回答说：“这也应该渐成习惯，一直到自然舒缓时，就是气质变化了，这才见功效。”

程颢的诗句“富贵不淫贫贱乐，男儿到此是豪雄”，常常被人引用，相信大家都很熟悉，意思是说大丈夫应该追求这样的气度和境界。其实这也是理学。这出自一首律诗，总共八句，题目是《秋日偶成》：

闲来无事不从容，睡觉东窗日已红。万物静观皆自得，四时佳兴与人同。道通天地有形外，思入风云变态中。富贵不淫贫贱乐，男儿到此是豪雄。

大家可能觉得奇怪，理学宗师程颢怎么会睡懒觉呢？程颢治学不主张多读书，他认为学圣人之道，重在内心的自我体认。大道流行于天地之间，天理和善性存在于人的内心，你要在静中自我体认出来。他说，他学问的核心概念“天理”就是他自已体认出来的。“天理”虽只是一个理，但体现于万事万物，故“万物静观皆自得”，这种静观中的“自得”往往使他兴奋异常，如他曾说：“天地自然之理，无独必有对，皆自然而然，非有安排也。每中夜以思，不知手之舞之足之蹈之也。”什么是“无独必有对”呢？比如有东就一定有西，有上就一定有下，有寒就一定有暑，有昼就一定有夜，有生就一定有死，都是相对的，天地间没有单一无对的事物。还有，有清必有浊，有大必有小。这个发现，使他激动得手舞足蹈。这就是他“静观”中的“自得”。由于他体认到的“道”或“理”，既存在于自然的“天地有形外”，又体现于人事的“风云变态中”，此理此道，无所用而不周，无所施而不利，至广大而极精微，所以能“道通天地有形外，思入风云变态中”，这样，事物万变都可应对自如，达到一种至高的人生境界，获得一种独立不倚的人格精神，故能经历“风云变态”而展示“富贵不淫贫贱乐”之人格。达此境界，有此人格，称之为“豪雄”。“风云变态”，乃万事万物变化的不同情状。荀子说：贫穷却不卑屈，富贵而不骄纵，同时遇到各种变故能应对自如，那是能坚守礼的呀。荀子说得不错，但理学家认为，贤人君子之所以“富贵不淫贫贱乐”，不是靠对礼的坚守，那是低层次的。理学家认为，世界上的富贵之乐，那是世俗之乐。贤人君子在修习圣人之道的过程中，体验了一种高层次的精神快乐。有了这种精神快乐，世俗富贵之乐，贫贱之戚，都不在他们心中了，所以富贵也不可能使他淫逸，贫贱也不会改变他的快乐，就像孔子的学生颜回那样。

理学是人格之学，是境界之学。它培养我们的人格精神，提升我们的人生境界。美食足以养身，美好的学问可以养心。

《近思录》中的人生格言

在《近思录》全书中，都可读到一些格言，不过在卷十二《改过及人心疵病》里比较集中。比较经典的如：“做官夺人志。”“感慨杀身者易，从容就义者难。”（这是程颐的话。宋末赵卯发说：“古人谓慷慨杀身易，从容就义难。”宋元之际谢枋得说：“慷慨赴死易，从容就义难。”现在没有发现比程颐更早的人说过类似的话）我们再选几条，做些简单的介绍和讨论。

人有欲则无刚，刚则不屈于欲。

这是程颐讲《论语》时说的。《论语·公冶长》记载孔子的话：“子曰：‘吾未见刚者。’或对曰：‘申枨。’子曰：‘枨也欲，焉得刚？’”孔子说自己没有见到过真正刚毅的人。有人说：申枨应该算是刚毅的人吧。孔子说：申枨这人有欲望，有欲望的人怎么会刚毅呢？程颐发挥孔子的话，讲出了这条格言。宋末元初有一个人叫方回，他又做了发挥，说：“学到则理明，理明则无欲，无欲则刚，刚则浩然之气常沛乎其不可御。”到清代，林则徐题过一副对联：“海纳百川，有容乃大；壁立千仞，无欲则刚。”“无欲则刚”四个字就流行在人们的口头上了。

人以料事为明，便浸浸入逆诈亿不信去也。

有人爱卖弄自己料事如神的小聪明，程颢说，这不好，这不符合君子诚信的人格要求。“诚”是贤人君子的品格，那么你以诚心待人，并且认为别人也一样以诚心待你，会不会因此受骗上当呢？在《论语》中，孔子讲过这个问题：“不逆诈，不亿不信，抑亦先觉者是贤乎？”不预先怀疑别人的欺诈，也不臆断（“亿”这里同臆想的“臆”）别人不老实，但那些骗子又骗不了贤人君子，因为君子都是“先觉”者，在事情的征兆还没有出现时，就能够把握它。所以，君子既不预先怀疑别人欺诈，也不老是猜测别人不老实，但又不会上当。程颢这里说的是，如果一个人总是卖弄自己料事的聪明，那就会陷入“逆诈亿不信”，那不符合君子的品格，是有伤德性的。与人交，在没有证明对方虚伪欺诈以前，要以诚信待所有的人，也应该相信所有的人都是诚实的。

人于外物奉身者，事事要好，只有自家一个身与心却不要好。苟得外面物好时，却不知道自家身与心已先不好了也。

这也是程颢的话。人对于奉养自身的物品，样样都要好，只有自己这一个身心反倒不要好。假如到了外面奉身之物都好了的时候，却不知道自己的身心已经先不好了。奉身之物、外面物，都是指吃、住、穿、用等物品。人都追求物质享受，轻视心性修养。吃的穿的用的追求高品位，身心修养、人格品性甘心低品位。追求享受妨碍品性修养，这是肯定的。《论语》记孔子的话说：“君子食无求饱，居无求安，敏于事而慎于言，就有道而正焉，可谓好学也已。”又说：“士志于道而耻恶衣恶食者，未足与议也。”君子不追求吃得饱，居住不追求安逸，勤敏做事，说话谨慎，接近那些有学问、明事理、有修养的人求得他们的指教，那就可以称得上好学了。如果一个读书人，他有志于学习圣人之道，但觉得穿得不好吃得不好是耻辱，这样的人不值得和他讨论问题。要求读书人“食无求饱，居无求安”，现在看来是过分，但不追求奢华，永远都是对的。勤俭养德，奢华伤德，是无可怀疑的。

虽公天下事，若用私意为之，便是私。

这是程颐的话，他们认为，即使是天下大公之事，如果用私意去做，就是私。什么意思呢？

先说“公”“私”，在理学这里，这两个概念含义比较复杂。理学家要人学做圣人，以为“天地之常，以其心普万物而无心；圣人之常，以其情顺万事而无情”。天地之所以恒常不变，是因为天地之心遍及万物而无其特有的心；圣人之所以无所不适，是因为圣人之情顺应万事而无一己之情。

古人讲“心”“迹”之别，要解释起来多少有些麻烦，放在这里做一个简单化的解释，就是一个人的行为算“迹”，是表现在外能看得见的；“心”就是你这样做的出发点。比如说，你做了一件有利于天下的大好事，完全是为公，没有掺杂任何个人的私利，但你这样做是为了博得一个好名声，或者为了让“人民拥护”，那就算“私”。理学家主张一切都应自然而然，不刻意做什么，也不刻意怎么做。面对一件事，应该怎么做，你自然这么做了才好，有意为“公”，那也是私。《近思录》卷十有程颐这样一段话：“人才有意于为公，便是私心。昔有人典选，其子弟系磨勘，皆不为理。此乃是私心。”这段话的意思是：“人刚一着意去为公，就成了私心。先前有人主管官吏考核，他的子弟有在考察之列者，他为避嫌全都不加理会。这正是私心。”汉代有一个人，复姓第五，叫第五伦。《后汉书》上说：“第五伦奉公尽节，在朝廷上说话，敢于直言，从来不回避什么。他的孩子们劝他不要这样耿直，他怒斥他们，把他们赶走。”大家公认他是一个无私的人。有人问他：“您有没有私心呢？”他说：“有。过去有一个人要送给我一匹千里马，我虽然没有接受，但每次朝廷选人的时候，我心里都忘不了这个人。尽管到底也没有用这个人，但总是心里想着吧。还有，我哥哥的孩子病了，我一夜跑过去十趟，但回来也就安安稳稳睡着了。我自己的孩子病了，我尽管没有去看，但一夜也没有睡着。这怎么能说我没有私心呢？”弟子问程颐：他这算私心吗？程颐说：“根本就用不着说他睡着和睡不着，单说起来十次和不起来这一点，就说明他有私心。”因为他这是故意表现出对哥哥的孩子更关心，这就是私心。

《近思录》中的格言还有很多，如：

> **骄是气盈，吝是气歉。人若吝时，于财上亦不足，于事上亦不足，凡百事皆不足，必有歉歉之色也。**
>
> **未知道者如醉人。方其醉时，无所不至；及其醒也，莫不愧耻。人之未知学者，自视以为无缺。及既知学，反思前日所为，则骇且惧矣。**

不再具体说了。大家读《近思录》，自会发现很多启迪智慧的格言，以及蕴含深刻哲理的其他语言。

二

教你学做圣人

吕祖谦像（据明崇祯刻本《圣贤像赞》）

从“满街都是圣人”说起

“满街都是圣人”，你觉得这话荒唐吗？但如果想一下佛教说的一切众生皆有佛性，人人皆可成佛，就不觉得荒唐了。因为佛离我们这么近，圣人就一定离我们很远吗？其实，今人嘴里这句调侃的话，是有出处的。直接的出处，是佛寺里的一副对联。

在泉州的开元寺，就有这么一副对联：“此地古称佛国，满街都是圣人”。据说这副对联原出自朱熹。悬挂在开元寺的这副对联，是弘一法师的手迹。泉州佛教兴盛，古有“泉南佛国”之称。说这里“满街都是圣人”，也是佛教的话，佛教传到中国，中国人也称佛、菩萨为圣人。跟随成吉思汗西征的耶律楚材就说过：“学至于佛，则无可学者，乃知佛即圣人，圣人非佛。”他还称孔子、释迦牟尼、老子为“三圣人”，儒、释、道是“三圣人教”。话题还得回到儒家圣人上来。明代学者王阳明的学生王艮说过“满街都是圣人”的话。有一次王艮出游归来，老师问他：“你出游看见了些什么？”王艮回答说：“见满街都是圣人。”照常人理解，应该是满街都是凡人，怎么会满街都是圣人？古代大贤说话，自有他的依据。这事往前追，就追到了北宋理学宗师程颐。

按照儒家至圣先师孔子的说法，圣人是天生的，普通人怎么努力，最多也只能成为贤人。“惟上智与下愚不移”，上等人的智者与下等人的愚者，生来如此，无法改变，就像马不飞、鹰不跑一样，更不要说让普通人成为圣人了。因为“中人以上，可以语上也；中人以下，不可以语上也”。中等以下的人，你不能跟他讲高深的道理，朽木难雕，怎么可能成为圣人？连老子也说：“下士闻道大笑之。”道理越是高超，下士越不明白，不明白，在他看来就是荒唐，所以大笑。但要说人一出生就定型，不会改变，那也太绝对化了，也不符合经验和常识。《周易》就说，人是可以改变的，小人也会有所改变：“君子豹变，小人革面。”小人不会变为君子，他们只能“革面”，为了躲避惩罚，也会装装样子给人看，本性不会改变。

到了唐代，儒学遇到了严重的挑战：佛教为了吸引信众，大肆宣扬人人皆有佛性，人人皆可成佛，甚至凶人恶人，只要“放下屠刀”，就可“立地成佛”。道教更没问题，只要修炼，不管什么人，都能成仙。在唐以来的信众争夺战中，凡人不能成圣的儒学，就显得很被动。佛教、道教的影响和声势，大有超过儒学之势，大和尚、名道士在帝王、皇后那里，比儒学大师地位还要高。从汉代确立的儒学独尊地位，在唐五代时被大大动摇了。怎么办？儒学必须改变。你不改变，大众都想成佛、成仙，谁理你呀，你只有被冷落。儒学必须扭转这种被动局面，儒学也必须争取信众，必须能吸引大众。儒学要有所突破，已是客观需要，就等待有魄力、敢为天下先的人来突破了。这机遇和使命，留给了年轻的程颐。

北宋仁宗时，学者胡瑗在太学做教官。有一天，他出了一道作文题考学生：《颜子所好何学论》。这个题目似乎有点怪：颜回喜欢学习，他喜欢的是什么学问呢？颜回是孔子的弟子，他能喜欢什么学问呢？胡瑗为什么出这样的题目呢？其实，这里边确实有些问题：凡熟读《论语》的人都知道，孔子以《诗》《书》六艺教弟子，孔门有弟子三千，七十二贤。先不说那三千弟子，起码这七十二贤，人人都是英才，应该都是“好学”的，不“好学”何必投孔老夫子门下呢？不好学也不可能成为孔子的弟子。但有一天，鲁哀公问孔子：“你的弟子里边谁是好学的？”孔子回答说：“有颜回者好学……不幸短命死矣。今也则亡，未闻好学者也。”大意是：有一个叫颜回的学生好学，但不幸他死了，现在没有听说我的学生中还有哪个好学。颜回一死，整个孔门中竟然没有一个好学的了。这么多学生，只有颜回一个人好学，怎么可能呢？这也太过悲观了。如果我们确认圣人的脑子没有出问题，那只有一种可能：孔子所说的“好学”，另有含义；颜回所“好”的“学”，也一定和普通人理解的不一样。但颜回除了爱好孔子的学问，还能爱好什么学问呢？相信当时很多人面对这样的题目会晕的，谁能做好这样的作文呢？果然英雄出少年：有一个年轻人的作文，让胡瑗大为惊异。读了文章，马上邀他相见。面谈以后，竟然破格直接把这个太学生在太学里安排了个职位。这年轻人就是后来成为理学宗师的程颐。一切非凡的人必有非凡的传奇性经历，使程颐名显天下的，竟然是在太学读书时的一篇随堂作文。

这篇作文，开头就做惊人之论：颜子所好之学，不是学习圣人的学说，而是学做圣人：“学以至圣人之道也。”这“道”，不是圣人讲的道理，而是如何成为圣人，是使自己一步步走向圣人的途径。这确实是新鲜的见解。“圣人可学而至欤？”曰：“然。”圣人难道也可以“学”得成吗？这种宿学老儒从来不敢想的问题，年轻的程颐竟然斩钉截铁地回答：“是的，能。”这篇文章收在程氏兄弟的文集《二程文集》里，朱熹把它编入《近思录》，于是成为宋代理学重要文献之一。从某种意义上说，一部《近思录》，其真谛，就是教人如何成圣人。

什么是圣人

要做圣人当然先得明白什么是圣人。

中国历史数千年，圣人崇拜也有数千年。但如果问“什么是圣人”，恐怕就很少人能回答了。

在古代文献中，对圣人的描述很多，不同人心目中的圣人不同，不同人对圣人的描述当然也不同。最怪异也最让人难以想象的，是汉代班固《白虎通义》中对圣人的描述。这部书中有一篇题目就叫作《圣人》，文章开头对圣人做了类似于超人的描述：“道无所不通，明无所不照，闻声知情，与天地合德，日月合明，四时合序，鬼神合吉凶。”天下之理，没有不明白的；天地运行的规律，没有不掌握的；所有场所，一切事物，没有看不到的，听到声音，就了解了全部真实的情况。德配天地，明并日月，一身体现了四时运行之序，对于吉凶的把握，完全与鬼神契合。总之，在一切方面，不管是可见的还是不可见的，显现的隐幽的，一切的一切，圣人无所不能，是全能的超人。哪里有这样的全能超人呢？但只有这样的超人，才可能是人类生活的创造者，才可能是人类的拯救者。

古人的思维总是圆通灵活的：圣人超乎常人，又在常人之中，是人群中出类拔萃的人，是顶级的杰出者。班固把人群中的优秀者分成多个等级，初级的称作“茂”，顶级的就是“圣”。如果有五个人，其中有一个比较突出的，那就是“茂”；十人中有一个优秀者，就称作“选”；百人中的优异者称作“俊”；千人中拔尖者称作“英”；两千人中的杰出者则称作“贤”；万人中的杰出者就叫作“杰”；万个万人中有一位精英，那是亿人中之一人，这就是“圣”。这话只能在古代说，拿到今天，中国有十多亿人，那也就应该有十多个圣人了。这是班固万万没有想到的。班固时代当然没有这么多人。史学家说，汉代全国人口是极多的，最多时达到五千多万，而班固生活的时代，可能有两三千万。也就是说，班固说这话时，整个天下够出四分之一个圣人。倒也是，古人不是说圣人“不世出”吗？圣人不是每个时代都有的。班固心目中的圣人，和一般古书上说的一样，也是尧、舜、禹、汤、文、武、周公、孔子，还有皋陶。怪异的是，他描述的这些圣人的长相全都奇特古怪：禹的耳朵竟然有三个孔；皋陶的嘴巴像鸟一样；汤应该生来是怪胎，因为他长了三个肘；文王有四个乳房；周公则脊柱弯曲；孔子问题就更大，头顶竟然四周高中间低。至于尧的眉毛、舜的眼睛各有些特点，那都不算特别了。若在常人，这肯定被认为是残疾或先天缺陷，但他们是圣人，正好说明圣人天生不同于常人，从长相到思想，都区别于常人：“圣人所以能独见前睹，与神通精者，盖皆天所生也。”怪异的长相和能够与神沟通的特异功能，这些都不同于常人，因而也就具有常人不可能具备的独到见解和先见之明。总之，圣人是天生的，圣人是不世出之异人。

我们看古人对“圣”的理解，首先是特别聪明，其次又无所不能。当然还有些神秘的色彩。《尚书·洪范》中有“睿作圣”的话，“睿”就是聪明、明智、有智慧的意思了，聪明人可以成为圣人，但并不是所有聪明人都是圣人。程颐就说，坏人并不是“昏愚”的人，暴君商纣就智商很高。圣人的聪明是大智慧，唐代的孔安国解释“睿作圣”说：“通微谓之睿，于事无不通谓之圣。”“于事无不通”，当然是大智慧了，现在世界上没有这样的人了。宋代的王安国也专门讨论过有关圣人的问题，他对这句话的解释是：“聪明睿智，兼通乎天地万物、人伦性命之理，斯为圣矣。”天地万物之理，人伦性命之理，全都通达，达到这样的程度，就可以称为圣人了。其实，天地万物之伦，人伦性命之理，也只是一个理。总汇为一则为一理，分散于万事万物则有万理。一理总括万理，万理体现一理。这一理，就是理学家说的天地一太极。这话一时说不明白，总之，人明白了这“一理”，就能成为圣人了。这一理也叫作“道”，人能成为“道”的体现者，就是圣人。这有些玄虚。也有朴实的说法，如葛洪《抱朴子·辨问》就说：“世人以人所尤长，众所不及者便谓之圣……圣者，人事之极号也。”人在一个方面超过所有人，那就是这个方面的“圣”，如酒圣、诗圣、医圣之类。在所有事上都没人赶得上，那就是天下的圣人了。王安国说：“古之人精通一事者，亦或谓之圣。”他举了草圣、书圣、棋圣，等等，“盖言精通其事，而他人莫能及也”。天下圣人和一事圣人，有着本质的不同。天下的圣人，有着足以让人目眩的光环，于是也就带有神秘性了。所以孟子说：“充实而有光辉之谓大，大而化之之谓圣，圣而不可知之之谓神。”或者把“神”和“圣”位置颠倒一下：“阴阳不测谓之神，神用无方谓之圣。”（《黄帝内经·素问》）“大而化之之谓圣”，不好理解，但宋代理学家喜欢这个说法。

“大而化之”就是圣人。这“化之”两个字非常重要。一个人具备了圣人所有的美德不一定就是圣人。如果他天天守着这些美德生怕失去，那他还只能是贤人。等有一天，他想都不用想，一切的美德都体现在他的身上。他所有的行为根本用不着思考，全都符合圣人的作为，那时他就成为圣人了。这是“不思而得，不勉而中”的境界，是“化”的境界，也是圣人的境界。

理学家的圣人梦

按照孔子对圣人的理解，“圣”体现为伟大的人格和与“道”相通的精神。《论语》记载，孔子的弟子子贡跟孔子说：“如有博施于民而能济众，何如？可谓仁乎？”意为：如果有这么一个人，他给予很多人帮助，并且能够成就大众，这样的人怎么样呢？可以算作仁者了吧？孔子说：哪里仅仅是仁呢？一定可以称为“圣”了，尧舜这样的大圣也不一定做得到。这是一种普济天下的人格与情怀。这种伟大人格向上提升，就成了“道”的体现。孔子后学荀、孟都有这一意识。《荀子·哀公》一篇说，孔子将人分成五品：“有庸人，有士，有君子，有贤人，有大圣。”什么是大圣呢？荀子心目中的大圣是：他的智慧与大道相通，因而他能够顺应天地万物的变化，在任何情况下都可以应付自如，也能够分辨天下万事万物的情性。与圣人精神相通的大道，就是一切事物变化生成的所以然；情性则是判断是非、决定取舍的依据。圣人的事业，如天地一样能够分别万物使之各得其所，如日月一样洞彻一切，统领万物如风之动雨之润。如此圣人，是普济万物之伟大人格与大道体现者的合一。宋代理学家对圣人的理解，是沿着这一思路发展的。

理学家对圣人的认识，直接来自他们最推崇的经典——《中庸》，《中庸》对圣人的描述，给人的感觉是，至高远而又至切近，至伟大而又至平易：

> **唯天下至圣，为能聪明睿知，足以有临也；宽裕温柔，足以有容也；发强刚毅，足以有执也；齐庄中正，足以有敬也；文理密察，足以有别也。溥博渊泉，而时出之。溥博如天，渊泉如渊。见而民莫不敬，言而民莫不信，行而民莫不说。是以声名洋溢乎中国，施及蛮貊。舟车所至，人力所通，天之所覆，地之所载，日月所照，霜露所坠，凡有血气者，莫不尊亲。故曰配天。**

大致的意思是说：只有天下最圣明的人，他的聪明睿智，足以居上位而治天下；他的宽舒温和柔顺，足以包容天下；他的奋发刚毅，足以执掌决断大事；整齐庄重，行则中，处则正，以敬慎的态度保持内心之直，则足以敬重天下之人；他的思维条理分明，周详明辨，足以分辨是非。圣人之德广博深沉，随时表现于外。广阔如同天空，深沉如同潭水。他出现在民众面前，人们没有不敬重的；他说的话，人们没有不相信的；他的行为，人们没有不喜欢的。因此他的名声洋溢中原之地，传播到南蛮北貊边远地区。凡是车船能到的地方，人力能通的地方，天所覆盖的地方，地所承载的地方，日月所照临的地方，霜露所降落的地方，凡是有血气有生命的人，没有不尊敬他亲爱他，所以说，圣人的美德可以与天相配。

这样的圣人，和普通人有着很亲近的关系。圣人的伟大，圣人的不同于常人，不是因为形象怪异，不是因为有与天神沟通的特异功能，而在于超乎寻常的智慧和伟大的人格魅力。如果说怪异的形象是天生的，与天神沟通的功能也是常人无法想象的，那么智慧与人格，则是人可以努力提升的。按照这一思路，凡人与圣人之间，就有了相通的可能性。这点燃了年轻的程颐要成为圣人的渴望，才有了他的那篇《颜子所好何学论》。这篇文章，打破凡圣之间数千年不可逾越的绝对界限，带给士子以成圣希望，点燃了理学崇奉者的圣人理想。

理学家崇尚人格，从周敦颐已是如此。一篇《爱莲说》，为周敦颐赢得了千年名声。至今提起周敦颐，人们想到的首先是他那篇千古美文《爱莲说》。说到莲花，很多人都会想到周敦颐。周敦颐爱莲，是爱莲花所象征的君子人格："予独爱莲之出淤泥而不染，濯清涟而不妖，中通外直，不蔓不枝，香远益清，亭亭净植，可远观而不可亵玩焉。予谓菊，花之隐逸者也；牡丹，花之富贵者也；莲，花之君子者也。"其实，周敦颐对中国文化的贡献，远不是一篇《爱莲说》，比《爱莲说》意义和价值高出不知多少倍的，是他的为理学奠基。周敦颐是理学的奠基人，他的《太极图说》，也是理学的基本文献。《宋史·道学传》高度评价周敦颐对中国学术史或者说儒学史的巨大贡献，说：自孟子死后，圣学不明，危机严重，几乎"大坏"。幸而到北宋中期，"周敦颐出于舂陵，乃得圣贤不传之学，作《太极图说》《通书》，推明阴阳五行之理，命于天而性于人者，了如指掌"。你看，圣贤不传之学，特别是那神秘难明的"理"，这"理"存在于上天时就叫作"命"，上天把它赋予每一个人，当它被赋予人，体现在人的身上，那就叫作"性"。所以后来的理学家总说"天命""人性"，原本就是那个无所不在、生成一切、支配一切又都不可见的"理"。这么难以说明的东西，周敦颐把它揭示出来，还能说得"了如指掌"，可见水平之高，贡献之大。理学家的圣人理想，也是从《太极图说》就开始阐述的。

《太极图说》是《近思录》开卷第一篇，其中说圣人要为天下立"人极"，也就是做人的最高标准，榜样当然就是圣人。普通人都可以有自己的圣人梦。

凡圣之间

理学家的圣人梦，还得从程颐的老师周敦颐说起。在程颐以前，周敦颐已经明确地说，人可以通过学习成为圣人。只是他的说法在当时影响不大，很多人不知道，程颐的文章才产生了惊人的效应。《近思录》第四卷里就有周敦颐这样的话。有人问："圣人可以学习而成吗？"周敦颐说："可以。"又问："学做圣人有要领吗？"回答说："有。""请问这个要领。"回答说："守一是要领。守一的意思是无欲。无欲就能心中静虚，一念之动就正直。静虚则明而无疑，明而无疑就通达；正直就公正，公正就不偏不倚。明白、通达、无私、无偏，就差不多是圣人了。"这静虚守一，明白通达，无私无偏，体现的就是他"人极"的特点。

周敦颐《太极图说》说："圣人定之以中正仁义而主静，立人极焉。"圣人具备了动和静的状态下所有的美德，但圣人之身心以静为本，为天下"立人极"。"人极"是为天下凡人树立的做人的最高标准，榜样则是圣人。那就是引导天下人向着圣人的高度进取。那么，凡人的脚下应该有一条通向圣人之路。

周敦颐说，人是禀阴阳五行之秀气而生的，人中的圣人，又得秀气中之特别秀者。圣人的行为，从容中道；圣人的立身，常处正位；对于他人，圣人发之以仁；对于自身和处事，圣人裁断以义。这就是圣人所立之“人极”，即人格的最高标准。周敦颐认为，圣人与那神秘的、无处不在又不可见，支配一切又不露形迹的“道”是为一的，“圣人与天地合其德，日月合其明，四时合其序，鬼神合其吉凶”。这四句话，朋友们应该有印象，上文所引班固《白虎通义》就说：圣人“道无所不通，明无所不照，闻声知情，与天地合德，日月合明，四时合序，鬼神合吉凶”。这话是班固的发明吗？也不是。这话来自《周易·系辞上》：“夫大人者，与天地合其德，与日月合其明，与四时合其序，与鬼神合其吉凶。先天而天弗违，后天而奉天时。”周敦颐把《周易》中“大人”改成了“圣人”，他告诉我们：圣人是道的体现者。或者说，圣人就是道，就是天地所以运行的道。他没有说明，朱熹说明了，朱熹有一次反驳苏辙的观点，说：“他认‘道’与‘圣人’做两个物事，不知‘道’便是无躯壳的‘圣人’，‘圣人’便是有躯壳的‘道’。学道便是学圣人，学圣人便是学道。如何将做两个物事看。”苏辙是苏轼的弟弟，著名文章家，唐宋八大家之一。据说苏辙说过，让人学圣人，不如学道。在朱熹看来，道和圣人其实是一回事，那么，学道和学圣人也就是一回事。明代王守仁把这意思一句话敲明了：“人到纯乎天理方是圣，金到足色方是精。”天理就是道，只是有时候称作道，有时候称作天理而已。

一般的读书人是“士”，士是凡人，凡人的士离圣人有多远呢？周敦颐在《太极图说》中说，圣人立“人极”，“人极”的标准是圣人，内容则是“中正仁义”。所有的人都应该遵循“中正仁义”的标准去做。对每一个人来说，是不是照着做，还是他自己的事，不过，照着做和不照着做，结果是不一样的。自己的行为导致的结果当然由自己承担，这结果就是两种：吉或者凶，“君子修之吉，小人悖之凶”。照着做，你就成为君子，结果当然也吉利；违背这一标准，你就是小人，结果当然也就凶险。照着这标准做，就成为君子，那么什么时候才能成为圣人？或者说达到什么程度才能成为圣人，或者到底能不能成为圣人，他没有说。但他《通书》里说："圣希天，贤希圣，士希贤。"士人仰慕贤人，希望自己成为贤人；贤人仰慕圣人，希望自己成为圣人；圣人仰慕天人，希望自己成为天人。心里有个目标，一步步来，朝着那个圣人梦的终极目标进发。

细心的读者朋友可能发现问题了。这里在圣人之上又出现了一个"天人"。儒家向来是把圣人看作人格极致的。前边说，《荀子》把人分成庸人、士、君子、贤人、大圣五个品级，周敦颐则分成士人、贤人、圣人、天人四个等级。这个"天人"不是周敦颐的发明，而是来自《庄子》。《庄子》里说："不离于宗，谓之天人；不离于精，谓之神人；不离于真，谓之至人。以天为宗，以德为本，以道为门，兆于变化，谓之圣人。"《庄子》用诗一样美的语言，排列了四个顶级的"人"的概念。天人、神人、至人、圣人，每个概念都可以表达人之极致，怎么理解这段话的含义呢？古代解《庄子》的人已经化复杂为简明，说这四个词，表达的是一个概念。也就是说，天人、神人、至人、圣人，其实都一样。还有"宗""精""真"，还有《庄子》里常用的"一"，也都是一个概念，相当于"道"。照此理解，这段话说来说去，其实就一个意思：至高的人是与道合一的。但周敦颐似乎不是这样理解的，他说：士希望自己成为贤人，贤人希望自己成为圣人，圣人希望自己成为天人。"天人"好像比圣人高一等。不过，周敦颐说到天人的地方不多，他还是把圣人作为"人极"树立的。在他以后的理学家，张载、二程等，都断然不提"天人"，他们都要与道家划清界限。

天下士人都有成为圣人的渴望，周敦颐当然也认为自己可以成为圣人。他也规划了通向圣人的道路。

通向圣人的路

周敦颐显然希望自己成为圣人，他也明确表示，凡人有成为圣人的可能。但凡人怎么成为圣人，从理论上解决这个问题，要等程颐出来。程颐那篇《颜子所好何学论》开头说：

> **或问："圣人之门，其徒三千，独称颜子为好学。夫《诗》《书》六艺，三千弟子非不习而通也，然则颜子所独好者何学也？"伊川先生曰："学以至圣人之道也。""圣人可学而至欤？"曰："然。"**

有人问：孔子的门下，有弟子三千，孔子只称赞颜回为好学。想那《诗》《书》《易》《礼》《乐》《春秋》，三千弟子并非不曾学习并贯通，如此说来颜回他所独自喜好的又是什么学问呢？程颐回答说：是通过学习达到圣人境地成为圣人啊。历来都说天生圣人，天纵圣人，普通人可以通过自己的努力也能成为圣人吗？这难道真的可能吗？这位年轻人竟然斩钉截铁地回答：能。

说程颐这篇文章是石破天惊之论，那么，是不是在程颐之前，或者说在周敦颐和程颐之前，所有的人都绝对地认为圣人和凡人之间如天人一般隔绝呢？其实也不是。可以相信，离我们越远的古代，人们的思想越解放。思想解放，就是敢想。比如宋代以后，“朝为田舍郎，暮登天子堂”，那是读书人实现人生价值的最高理想。能够到朝堂上见到天子，那是人生最高荣誉、最大幸福。可是生活在秦始皇时代的项羽，他想的就不是见天子，而是自己做天子。秦灭六国，天下为一。秦始皇要宣扬威德，出巡各地。有一次南巡会稽，车马仪仗，好不威风。路边看热闹的人群里有一个少年，他叔叔带着他观看天子仪仗。这少年看到秦始皇，既没有被皇帝的威风所震慑，也没有对皇帝顶礼膜拜，反倒是诱发了自己的野心，看着秦始皇说：“彼可取而代之也！”他是可以被取代的，或者说，我是可以取代他的。后代的中国青年人，书读来读去，雄心却越来越丧失。在皇威面前如此，在圣人的光环下也是如此。在古老的经典《尚书》上，就有“惟圣罔念作狂，惟狂克念作圣”的话。什么意思呢？汉代的孔安国解释说：“惟圣人无念于善则为狂人，惟狂人能念于善则为圣人。”如果圣人不想着为善，那就会成为狂人，狂人如果能想着为善，就能成为圣人。原来狂人和圣人之间还有互相转化的可能：圣人也并非终身制，弄不好还会变成狂人。什么是“狂人”，唐代的孔颖达解释说：“狂者，下愚之称。”一般的士君子属于中人，在“中人”以下，智力低下，庸俗愚蠢的是狂人。而智力低下的人，努力为善，追求向善，尚且能成为圣人，何况士人？何况贤人？后来的读书人大约没有受到《尚书》这话的鼓舞，在他们心目中，自己与圣人的关系，就是圣人留下了经书，自己去读而已。读了书，去考秀才，考举人，考进士。考个秀才已经很难，举人更难，中了进士那就了不得了。《儒林外史》里那个范进，考了一辈子终于考中了举人，一激动竟然疯了。他哪里会想自己成为圣人？圣人是什么？“天不生仲尼，万古长如夜”，没有圣人天下就没有光明，圣人是人类精神的太阳啊！他范进是谁，千千万万和范进一样的人，又怎么会有成为圣人的野心呢？

孔子以后的儒者，比较敢想的应该数孟子了。人们从《孟子》一书中找到了这样的话：“舜，人也；我，亦人也。”“圣人与我同类者。”大舜是人，我也是人。大舜是圣人，我呢？我和圣人有多大区别呢？他没有说我孟轲是圣人，是和尧舜一样的圣人，但他说“人皆可以为尧舜”，所有的人都可以成为尧舜，那我孟轲为什么不能成为尧舜呢？孟子认为，人能不能成为圣人，不是上天决定的，是自己决定的：“尧舜之道，孝悌而已矣。”孝敬父母，尊敬兄长，再把这些孝敬与尊敬大而化之，推广到社会，推广到对待一切人和事，那就成为尧舜了。在孟子看来，人要成为尧舜，也很简单。《孟子》上记载孟子和一个叫曹交的人的谈话。曹交问：“人人都可以做尧舜，有这说法吗？”孟子肯定地说：“是的。”曹交说：“我听说文王身高一丈，汤身高九尺。我身高九尺四寸多，论身高和他们也差不多，但我有什么才能呢，我只会吃饭，怎样才能成为尧舜呢？”孟子说：“这有什么难的呢？只要去做就行了。”能不能成为尧舜，只看你做还是不做。“比如说，走得慢一点，让长者在前自己在后，知道尊敬长者，这就叫‘悌’；快步走抢在长者前边，那就叫‘不悌’。走得慢一点，这难道是做不到吗？不做而已。尧舜之道，也不过就是孝和悌罢了。你穿尧的衣服，说尧的话，做尧的事，你便是尧了。你穿桀的衣服，说桀的话，做桀的事，你便是桀了。”孟子的这些言论曾鼓舞了少年的朱熹，使他立志做圣人。朱熹自己说：“某十数岁时，读《孟子》言‘圣人与我同类’者，喜不可言，以为圣人亦易做。今方觉得难。”孟子算圣人吗？朱熹算圣人吗？至今中国人说圣人，还就是孔子。

通向圣人的路好像是有了，但这路走得通吗？有几个人从这条路上走向了圣人，成了圣人呢？

怎样成为圣人

成为圣人，是宋代理学大师追求的目标。张载说，读书人从小就应该立大志，这大志就是成为圣人，要像二程那样，“从十四五时，便锐然欲学圣人”，十几岁就立下大志，决心要学圣人，努力成为圣人。程颐也说，人要立一等的大志，干一等的事业，“言学便以道为志，言人便以圣为志”。治学，就要以圣人大道为目标；做人，那就要立志成为圣人。看来，在程颐写《颜子所好何学论》时，对怎样成为圣人的问题，已经深思熟虑很久了。

如何成为圣人，周敦颐和程颐都有自己的见解。周敦颐说得还有些简单：要成为圣人吗？那就消除你的私欲，人要寡欲，寡而又寡，以至于无，那就差不多成为圣人了。周敦颐坚信人可以成为圣人，有人问成为圣人的关键是什么，他说：“一为要。一者无欲也。无欲则静虚动直。静虚则明，明则通；动直则公，公则溥。明、通、公、溥，庶矣乎。”这“一”是从老庄那里来的，老庄要人“守一”，守一，指无视无听，守持魂神，无思无欲的状态。人要无欲，就“静虚动直”，心要虚静，那么每一个念头萌动都“直”。心虚静，那就灵明而不疑惑，灵明不疑惑的心灵，就很通达。你每一个念头都正直而不偏曲，那就公正，公正处事，就不偏不倚，遍及所有的人和事，就像阳光普照整个大地，雨露滋润世间万物那样，普遍而没有偏私。到这时，差不多就是圣人了。孟子说过：“养心莫善于寡欲。”周敦颐发挥说：“我认为修养心性不能停留在寡欲而存守善性的地步。减少欲望以至于没有私欲，到了没有私欲的地步，诚实无欺、真实无妄这些圣贤的品质就能确立，圣智之光明就能通达天下事理。诚立是贤，明通是圣。”人没有私欲就成为圣人了，这多么简单啊？但几乎没有人能真正做得到，所以，要成为圣人还是很难。

孟子把成为圣人说得太简单，照他说的那样做了也并没有成为圣人。周敦颐给人指出了一个似乎很简单但很难达到的目标。程颐比他们聪明，他不像孟子那样把问题说得简单又不能兑现，也不像周敦颐那样，指给你对面山头的风景，美景就在面前，但脚下却是跨不过去的深谷。程颐认为，人都有成为圣人的可能，要成为圣人，关键在于坚持，就看你自己的功夫了：“修养之所以引年，国祚之所以祈天永命，常人之至于圣贤，皆工夫到这里，则有此应。”意为：修身养性之所以能延年益寿，国运之所以能通过祈求天佑而长久保持，普通人之修习而成为圣贤，都是功夫下到了这一地步，就自然会有这样的回报。怎么坚持？功夫在哪里？从理论上说，人都有本善的天性，人也都有七情。能不能一步步走向圣人，就看你能不能约束自己的感情。能够约束感情，不让情绪达到炽烈激荡的程度，然后明确一个目标，坚持不懈向前走。要有不动摇的信念，笃信圣人之道，坚守圣人之道，一点点践行圣人之道，如此方能达到目标。具体的做法就是心中一刻也不离开“仁义忠信”，做到“造次必于是，颠沛必于是，出处语默必于是”。匆忙仓促中也一定牢记仁义忠信，困顿挫折中也不忘仁义忠信，出而用世、退而隐居，以及说话时、缄默时，都时时刻刻不忘仁义忠信。开始时需要刻意去做，时间长了，就能够自然安身于仁义忠信。到了自己的举止容仪、行为动作全部符合礼的要求了，那么邪僻之心就无由产生。等你所有的思虑言行全都符合天理了，那就离圣人差不多了。程颐告诉人们：达到贤人的层次，还不是特别难。达到圣人的境界的人，就很少了。但其实从表现看，贤人和圣人应该差不多。贤人和圣人的区别在哪里？就在于“守”与“化”。贤人是“守”，圣人是“化”。通俗地说，“守”就是有意守持，“化”就是自然而然。你的思虑、言语、动作已经完全符合天理了，但你需要时时提醒告诫自己照着圣人的标准做，这就是“守”，如此还是贤人。如果你不用思考，你的思想就是正确的了；不用提醒，就能从容中道，不会出现丝毫的差错，这就是“化”，如此就达到圣人境界了，就和天生的圣人一样了。这说起来容易，真能达到却不容易。像颜回——孔子唯一中意的弟子，也还是和圣人差了那么一点点，因为他还没有“化”。也就是孟子说的：“充实而有光辉之谓大，大而化之之谓圣。”程颐还说：“学者不学圣人则已，欲学之，须熟玩味圣人之气象，不可只于名上理会，如此只是讲论文字。”学圣人不是理论认识问题，而是内在修养达到圣人程度时，自然有一种精神气度、风貌气象。学圣人要反反复复地玩味圣人的景象气度，不能只从概念语言上去认识圣人，那样只是讲解文字。

一部《近思录》，说来说去，就是要人一步步提升境界，一直到圣人的地步。什么是圣人的境界？就是“廓然大公”，与天理为一，渣滓化尽，私欲消尽。要读明白《近思录》，这是关键。

人都可以成为圣人，但对于一般人来说，永远在通向圣人的路上。

三

说不清的儒道佛公案

先儒周子

名敦頤字茂叔湖廣永州府道州人世居營道濂溪之上宋眞宗天禧元年丁巳茂叔生於州之營樂里幼孤依舅氏龍圖學士鄭珦愛之如子

周敦颐像（据明崇祯刻本《圣贤像赞》）

一个故事透露的信息

《近思录》卷四讲了这样一个故事：有一次程颢在长安县仓中闲坐，看到长廊下一排柱子，是多少根呢？他自己心里默默数了一遍，也没有怀疑数得准还是不准。人闲着没事，就又数了一遍，这一次与第一次数得不一样，心里就有些疑惑，让人一个两个地喊着数了一遍，结果与第一次数的一样。如果是一般人，这事也就过去了。但程颢是大学者，他就把这件事上升为一个哲学问题，上升到心性修养上来了：这说明什么呢？程颢认为，人心要静，心在自然状态下才能定，相反，"越著心把捉，越不定"，越用意去控制它，就越不定。朱熹解释说："才有执持之意，即是此心先动了。"你要控制自己的心使它安定，你控制它实际上是干扰它，它反倒不静了。

程颢特别喜欢与朋友讨论如何静心的问题，不过，他不叫静心，叫"定性"。他说："人心作主不定，正如一个翻车，流转动摇，无须臾停，所感万端。若不做一个主，怎生奈何？"还说，人心容易受外物感动，外物一感心就动，怎么能定呀？就像一个宅子，四边没有安门，盗贼总是进来。你要防御，从东边把这个贼赶走了，西边的贼又进来了，怎么能安定下来呢？

张载的弟弟张戬跟程颢说："我给自己约定多年了，自上了床，就不再思考事情。"他认为，人一想事心就动，他就强迫自己不想事，这样心就不动了。程颢不赞成他的办法，说你这是强行把心束缚住，不是心自己不动，你那心不动是假象。

程颢跟司马光是好朋友，司马光跟他说："我找到了存心的方法了，我只管在心中念一个'中'字。"程颢说，你这也不对，这又是心被"中"给束缚住了。况且"中"又是个什么样子呢？他说，有的人胸中常常像有两个人，想做善事，像有恶念在阻拦着；想做坏事，又像有羞恶之心使他做不得。本来没有两个人，这是心中无主两意交战。心中两意交战，怎么能静下来呢？要守持你的心志，使心所感之气不能扰乱你的心，心才能定。程颢说，圣贤是没有心意动摇的毛病的。

张载也曾为这事烦恼，为此跟程颢写信，说我要使心定下来，但这问题始终不能解决。到底怎样才能使心不动呢？程颢回了一封信，讲了一番大道理，还说了一个办法，办法就是无限扩大你的心，使你的心大到"无外"的程度，天地有多大你的心就有多大，天地万物都在你心里了，你的心和天地万物都成为一体了，分不出哪是你自身哪是外物了，也就没有外物来"感"你的心，你的心不就定下来了吗？他说，心"定"并不是不动，他概括为两句话，叫作"廓然而大公，物来而顺应"，顺应就不乱，不乱就定。那就不分动、静，静也定，动也定。

理学家称程颢这封信为《定性书》，是理学最重要的文献之一，收在《近思录》卷二里。后来的理学家很崇拜程颢这封信，他们认为，如果弄懂了这封信，对理学的问题，就明白得差不多了。

话说到这里需要暂时打住。程颢自称继承了圣人千年不传之学。意思是说，孟子之后，只有他才是圣人之学的真正继承者（可见他没有把周敦颐真正当回事）。可我们冷静想一想，他讲的这套，孔子讲过吗？孟子讨论过如何不动心的问题，但讲的也不是程颢这一套。像开头故事里讲的，让心处在自在的状态下，在虚静中进入一种无意识的状态，忘却自我，孔子、孟子都没有讲过。

他这一套从哪里来的呢？不是从孔子那里来，也不是从孟子那里来。似乎和道家有关，也似乎和佛教有关，但又不完全一样。

如果说二程的学问与佛教或道家有关，他们坚决不答应，朱熹更不会答应。《近思录》第十三卷叫作《异端之学》，所谓“异端”，就是圣学的敌人。二程说的异端，就是佛、道两家。程颐告诫他的弟子说：佛、道的学说，简直就像“淫声美色”，千万千万离它远些，只要你一挨到它，就被它迷惑了。他说，孔子不是要弟子们“放郑声，远佞人”吗，还说“郑声淫，佞人殆”。佞人是危险的，佛、道比“佞人”更危险。你们千万别幼稚地想，我把佛教的学说弄清楚了，然后好去批驳它。那太危险了，因为你还没有把它弄清楚，你自己先变成佛教徒了。二程把佛、道看作敌人，坚决要与佛、道划清界限。

但是，开头讲的那个故事却泄露了消息：二程之学肯定与佛、道有关。整个理学都与佛、道有关。

在宋代理学家中，与佛、道关系最密切的当然是周敦颐。周敦颐的思想体系还不仅仅是与佛、道关系密切，更与众不同的是他不像二程、张载、朱熹那样明确与佛、道划清界限，他讲学时时时露出佛、道的东西来，这使得二程他们很不高兴，以至于程颐说他是个“穷禅客”，如果说周敦颐曾是二程的老师的话（有人怀疑二程不是周敦颐的弟子），这确实有些对老师不敬。

清代有个叫陆世仪的学者，有人问他：程颐说周敦颐是个“穷禅客”，这该怎么解释呢？其实，“穷禅客”的意思不用解释，“穷禅客”就是一个落拓的佛教徒。问他怎么解释，是要问为什么程颐会说周敦颐是个“穷禅客”。但陆世仪要回避这个问题，他说，这是有一次周敦颐和一个佛教徒辩论，“穷”就是把那禅客问得没话说了：“此必茂叔与禅客语，曾穷诘之，而禅客不能对。故伊川述之，学者闻之，然不能悉记其语，故止记此一语也。当时周子之语必煞有不同，惜乎风气初开，时无学者，不能悉记。”

理学家不承认自己学问与佛、道有关，更不须说是从佛、道那里来的。如果那样，还怎么争儒学独尊的地位呢？

陈抟老祖与《太极图》的来历

很多人认为，理学开辟，起自周敦颐的《太极图》。《太极图》问世，标志着新儒学的出现。所谓“新儒学”，就是指不同于孔子代表的传统儒学。新儒学与孔子儒学有什么不同？孔子的儒学从来不讨论世界是从哪里来的，人类是怎么产生的等这类问题。而《太极图》和《太极图说》就是讲这个问题的。正因为如此，《近思录》把周敦颐的《太极图说》作为开卷第一篇。

但是有人说，《太极图》不是周敦颐所创，是道士陈抟传下来的，陈抟传给隐士种放，种放传给古文家穆修，穆修传给了周敦颐。佛教徒也争发明权，说是他们创制的。这先放下不说。不管《太极图》是不是陈抟传下的，但可以肯定，《太极图》与陈抟确有某些关系。那么，陈抟是个什么样的人呢？他怎么和理学扯上了关系呢？

陈抟就是民间传说的陈抟老祖，是五代宋初的著名道士，他在民间名气实在太大了。古代戏曲小说中有很多关于他的传说，比如说他能一觉睡多少年，所以又称“睡仙”。他预知赵匡胤为真龙天子，有一天，陈抟骑着驴子在华阴路上半睡半醒地走，忽然听到消息：赵匡胤登基做皇帝了。陈抟仰天大笑，从驴子上跌了下来，还说："天下这回定叠也。"意思说，战乱纷纷的五代终于要结束了，天下从此要安定了。元代著名杂剧作家马致远曾撰杂剧《陈抟高卧》，说神仙陈抟隐居避乱，借算卦之机指明赵玄朗和郑恩二人未来有君臣之命，汴梁为赵氏龙兴之地。后来赵玄朗果然做了皇帝，就是宋太祖赵匡胤。做了皇帝的赵匡胤请陈抟入朝同享荣华富贵，赐衣冠道号。陈抟不愿做官，向赵匡胤讲说学仙的种种好处。剧中陈抟唱："半生不识晓来霜，把五更打在老夫头上。笑他满朝朱紫贵，怎如我一枕黑甜乡，揭起那翠巍巍太华山光，这一幅绣帏帐。"不愿享荣华富贵的陈抟回西华山隐居修道去了。

关于陈抟的这类传说，文人是不信的。元初有位诗人刘将孙，写诗讽刺说："懒者卧，贪者起，神仙也少能闲底。若使希夷真个睡，华山驴上笑不坠。"希夷就是陈抟，是宋太宗赐给他的号，因为《老子》上有"视之不见，名曰夷；听之不闻，名曰希；抟之不得，名曰微"的话，于是拿来给陈抟做了道号。

民间有民间的陈抟传说，文人中有文人的陈抟传说。《唐才子传》说他"少有才术经纶，《易》象玄机，尤所精究。高论骇俗，少食寡思。举进士不第。时戈革满地，遂隐居，辟谷炼气。撰《指玄篇》，同道风偃"。

他也并不是生来就要做隐士或者道士，也有经纶天下之才和治理国家的大志，只是生不逢时，没有机会施展，于是就研究《周易》等，参透其中玄机。也曾举进士，但未考中。加上战乱，就隐居起来，修炼辟谷之术。撰写一部《指玄篇》，讲道教导引和还丹之术，所有的道士都服气了。

他历经唐、五代、宋，唐和后周、宋的皇帝都曾征召他，他见三朝皇帝，表现当然也不同。唐僖宗召见他（有人说应该是后唐明宗召见），封了个"清虚处士"道号。陈抟隐居在华山云台观，常常闭门独卧，有时候一二十天不起。"周世宗召入禁中试之"，怎么

"试"呢，不知道，大约是想让他做官，他不做。倒是传说后唐明宗送三个美女给他，也就是"试之"吧，陈抟可不中招，走了，还留一首诗："冰肌为骨玉为腮，多谢君王送到来。处士不生巫峡梦，空劳云雨下阳台。"送来的美女的确美，谢谢费心，但我陈抟对这不感兴趣，空劳她们走一趟。这当然是传说。据说陈抟在周世宗宫中闭门睡了一个多月，朝官开门探看时，他还在呼呼大睡。醒了也就辞去了，也留诗一首：

十年踪迹走红尘，回首青山入梦频。紫陌纵荣争及睡，朱门虽贵不如贫。愁闻剑戟扶危主，闷见笙歌聒醉人。携取旧书归旧隐，野花啼鸟一般春。

他说，自己也曾在尘世奔走，但一切希望都落空了。回头反思，明白了世间一切都是空的，于是隐居青山，远离世俗，在青山茂林中安然入梦，梦中的青山是美好的。高车驷马奔走于紫陌红尘，是荣耀，但哪有睡梦中安稳呢？深墙朱门，贵为朝臣，却不如山间林下贫的清静。武力拥立的皇帝是很危险的，还是不要用如此危局中的歌舞享乐搅扰醉梦中人的安睡。我还是回到我的山林旧隐处吧，那里有野花啼鸟的安静春色。

据说周世宗赐予陈抟"白云先生"的称号。宋太宗召他入京，他"戴华阳巾，草履垂绦，与万乘分庭抗礼"。后来宋真宗再召，他就没有去。据说陈抟有几大弟子，潘阆、种放、林逋、魏野、李之才、穆修，全都名声很大。潘阆、种放、魏野与陈抟并称宋初四大隐士，林逋隐居西湖，"梅妻鹤子"，因为写出了"疏影横斜水清浅，暗香浮动月黄昏"这样咏梅的诗句，而获得千古高名。种放、李之才和穆修则传陈抟之学。据说就是他们把陈抟的学问分别传给了周敦颐和邵雍，才有了宋代的理学。

后代理学家不可能承认这样的说法。南宋理学家张栻说："二程先生道学之传，发于濂溪周子，而《太极图》乃濂溪自得之妙，盖以手授二程先生者，或曰濂溪传《太极图》于穆修，修之学出于陈抟，岂其然乎？"他的意思是，《太极图》是周敦颐妙心自创，说从陈抟传来，没这回事。他当然不能承认，为理学开山的《太极图》是道士的东西。

但有一个事实不能否定：周敦颐《太极图》与陈抟《无极图》，二图的图形完全一样，不过所附的文字不同。两者之间应该有些关系。

自“无极”而为“太极”

“自无极而为太极”，据说周敦颐《太极图说》开篇第一句原本如此，后来朱熹解读《太极图说》，删去“自”“为”两字，现在流传的《太极图说》第一句是“无极而太极”。这是一大公案，牵涉的问题很复杂，我们不去说它。我们借用这句话，要说的却是另外的意思：自《无极》而为《太极》，从《无极图》到《太极图》。下边是两幅图，我们可以对比来看看。

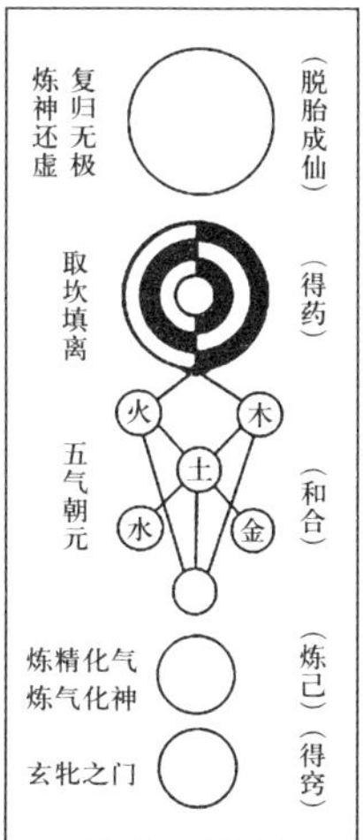

陈抟无极图

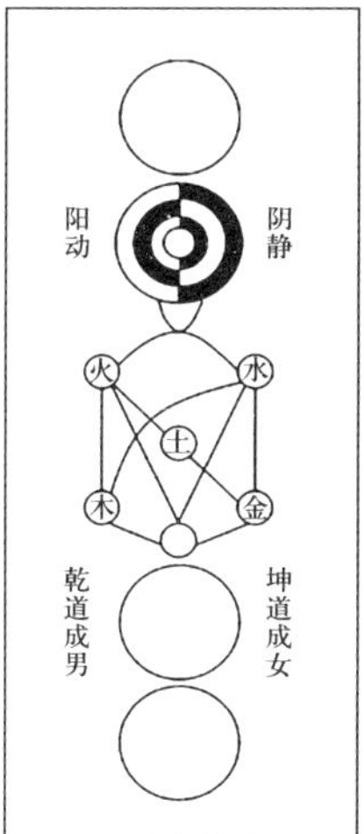

周氏太极图

据说，陈抟的《无极图》是道士修炼之图，古今有种种解说，我们不必深究，也说不明白。周敦颐的《太极图》，据说也是经过朱熹改造过的，是理学家关于天地生成、万物化生的一种假想图式。关于《太极图》的解说，可以看《近思录》卷一《太极图说》。

理学家内部也有人说，理学的东西是从陈抟那里来的。理学初创时期的宗师有五人，号称五先生：周敦颐、张载、程颢、程颐、邵雍。按照宋代学者朱震的说法，他们的学问都渊源于陈抟。

朱震是什么人呢？是南宋高宗时的一位学者，也是当时的名臣。有几件事给他带来了很大名声。他向高宗提出过收复中原、复兴宋室可行的策略。“荆襄之间，沿汉沔上下，膏腴之田七百余里，若选良将领部曲镇之，召集流亡，务农种谷，寇来则御，寇去则耕，不过三年，兵食自足。又给茶盐钞于军中，募人中籴，可以下江西之舟，通湘中之粟。观衅而动，席卷河南，此以逸待劳，万全之计也。”今天湖北荆州襄阳一带特殊的地理位置，他那时就看准了。当时南北战守，荆襄地区确实是关键。多少年后元灭宋，宋之亡，关键也还是荆襄地区的得与失。

历史证明，朱震确实具有战略家的眼光。还有一件事，就是建议抚定陈颙之乱。绍兴元年（1131），虔州（今江西赣州）陈颙率众数千人作乱，队伍迅速壮大，朝廷忧虑。朱震建议说：民之所以为盗，都是被地方贪官逼的。“使居官者廉而不扰，则百姓自安。虽诱之为盗，亦不为矣。愿诏新太守到官之日，条具本郡及属县官吏，有贪墨无状者，一切罢去，听其自择慈祥仁惠之人，有治效者，优加奖劝。”

高宗采纳了他的建议，祸乱果然平定。这些都给他带来名声。他在当时，不仅以学问著称，也以才能和廉洁著称。

朱震是北宋徽宗政和年间进士，在州、县做地方官。发现并推荐他的，是二程的再传弟子、著名学者胡安国，朱熹讲学时经常提到这位胡安国，称他“胡文定公”。胡安国发现朱震学问好，而且廉洁正直，就向朝廷力荐。高宗给他安排了一个司勋员外郎的职务，相当于现在的副司局级吧，朱震大约不太感兴趣，就说自己病了，没有到朝中上任。

恰在此时，当时的江西制置使赵鼎入朝做了参知政事，赵鼎又推荐他，说朱震这人“学术深博，廉正守道，士之冠冕”。对他的评价极高，并说：假如让朱震做经筵官给皇帝讲读，陛下您一定会大大受益的。高宗于是召见朱震，问到关于《周易》与《春秋》的有关问题。

朱震多年研究《周易》，有独到见解。人们称朱震“汉上先生”，他解释《周易》的书，就叫《汉上易传》。他把自己的这部书献给朝廷，在给朝廷上的表中说：

> **国家龙兴，异人间出。濮上陈抟以《先天图》传种放，放传穆修，修传李之才，之才传邵雍。……修以《太极图》传周敦颐，敦颐传程颢、程颐。**

他也是理学中人，他这么说，就引起后世不少官司，后人为此争论不休。争论中，佛教也掺和进来，说《太极图》是佛教禅师们的发明。明代有个僧人宗本，写了一部《归元直指集》，其中说：“国一禅师以道学传于寿涯禅师，涯传麻衣，衣传陈抟，抟传种放，放传穆修，修传李挺之，李传康节邵子也。穆修又以所传《太极图》授于濂溪周子，已而周子扣问东林总禅师《太极图》之深旨，东林为之委曲剖论，周子广东林之语而为《太极图说》。周子长于禅学功夫，是以功夫之道，过于邵子。邵子长于天时历数，是以数理之道，过于周子。至于道学则一也，初无二致。”又说：“濂问《太极图》之所由，总曰：竹林寿涯禅师得国一禅师之心传，其来远矣。”他说的“濂溪周子”，或只称一个“濂”字，都是指周敦颐（号濂溪）。

国一禅师是唐天宝、大历年间的一位高僧，名道钦，住杭州径山寺。大历三年，唐代宗召他至京师，给他很高礼遇，赐号“国一”。按宗本的说法，是佛家发明了《太极图》，传给了道士，再传给周敦颐。这些说法恐怕都靠不住。清代修《四库全书》的馆臣们曾猛烈抨击这些说法。

不过，周敦颐曾参禅应该是事实。南宋诗人刘克庄有一首诗，题目是《先儒》：“先儒绪业有师承，非谓闻风便服膺。康节《易》传于隐者，濂溪学得自高僧。”明说周敦颐的学问从僧人那里得来。

尽管《太极图》与《无极图》图形一样，但《太极图》绝不是《无极图》。《无极图》是道士修炼之图，《太极图》则是描述天地生成、万物化生的图式，两图要说明的问题，已经没有可比性。所以，我们还是说，《太极图》是周敦颐的《太极图》，它属于儒学，朱熹把它看得很重。朱熹对周敦颐的《太极图说》做了解读，使得《太极图》和《太极图说》都成了理学奠基的重要文献。

这其中有很多说不清的问题，儒释道争论不休，我们可以不管。

《爱莲说》的不同解读

又说到周敦颐的千古名篇《爱莲说》。这篇文章被选入中学课本里，所以，很多人都能背诵：

水陆草木之花，可爱者甚蕃。晋陶渊明独爱菊。自李唐来，世人甚爱牡丹。予独爱莲之出淤泥而不染，濯清涟而不妖，中通外直，不蔓不枝，香远益清，亭亭净植，可远观而不可亵玩焉。

予谓菊，花之隐逸者也；牡丹，花之富贵者也；莲，花之君子者也。噫！菊之爱，陶后鲜有闻；莲之爱，同予者何人？牡丹之爱，宜乎众矣！

我们从这篇文章中读到的是什么呢？是作者对君子人格的推崇、表彰。“水陆草木之花，可爱者甚蕃。”众花多可爱，这就如孔子说的“泛爱众”。但他也有花中最爱，那就是象征君子人格的莲，仁人君子，是泛爱中的独爱，这就如孔子说的“而亲仁”。

世上有这么三种人：追求富贵者，远离尘世隐于山间林下者，和身处尘世而保持高洁人格，不为尘污俗染者。在这三种人中，周敦颐取哪一种呢？他鄙弃那些追求一己富贵的人。林下高士，历来受人敬仰，连《周易》上都对“不事王侯，高尚其事”高度赞扬，说“志可则也”，其志向可以为天下人所效法。但如果大家都去隐居了，谁来治国平天下呢？所以，理学家一定要抱着积极入世的态度，又要在世俗中保持独立而高洁的人格。“出淤泥而不染，濯清涟而不妖”，以出世的情怀，做入世的事业，不放弃儒家士人承担的社会责任，又以我身之正，影响社会风气，正身以正天下。

“中通外直，不蔓不枝”，是象征，怎么象征？一般人不一定特别熟悉。程颐说：“君子主敬以直其内，守义以方其外。敬立而内直，义形而外方。”意为，君子以敬慎的态度，使内心正直；坚守正义的准则，作为外在的行为规范。敬慎的态度确立了，内心就正直，正义表现出来就成为外在的行为规范。

“中通外直，不蔓不枝”就是“敬以直内，义以方外”，“敬以直内，义以方外”这句话，《近思录》中出现了好多次。这样内外夹持，人的德行就能一直向上，以至于“上达天德”，这是《近思录》贯彻的一个重要思想。“莲，花之君子者也”，这是《爱莲说》的落脚之处。我们这么看，《爱莲说》体现了儒家的人格修养主张，要人坚持君子人格。文章是美的，体现的思想也是美的。这是儒家眼里的《爱莲说》。

周敦颐是道州营道（今湖南道县）人。他一生爱莲花，曾在邵阳做官，“以永州通判摄邵州事”，是个代理州官，他在邵州州衙的东北角开挖了一个莲池种莲，没事时就在那里欣赏莲花，并写了这篇《爱莲说》，人们称这个莲池为“爱莲池”。

几年后他调官江西星子县任南康知军，地方就在庐山，住在莲花峰下，就和莲花关系更密切了。这里有一条小溪，因为他道县家乡有濂溪，他就在庐山莲花峰下建濂溪书院，自己也取号“濂溪”。他在濂溪书院里又开挖了一个莲池，也称作“爱莲池”。他一生与莲花结下了不解之缘。

周敦颐本身的确具有莲花所象征的君子品格，《近思录》引《宋史·周敦颐传》的话，说：“周茂叔胸中洒落，如光风霁月。”这话其实出自黄庭坚，他说：“舂陵周茂叔，人品甚高，胸中洒落，如光风霁月。”胸中洒落，光风霁月，其精神和莲花象征的品格是一致的。

但是，莲花又是佛教的象征，佛家读《爱莲说》，读到的都是佛教的意象，爱莲当然就是爱佛教了。儒者说爱莲是爱君子，爱君子人格；佛家则说爱莲是爱佛教，爱莲是心有佛祖。

唐代诗人郑谷有一首写莲花的诗：“佛爱我亦爱，清香蝶不偷。一般奇绝处，不上妇人头。”有人把这诗安在周敦颐头上，说是周敦颐作，这显然不对。但这首诗与周敦颐的《爱莲说》在精神上确有相通的地方。

在佛教的建筑里，到处都可见到莲花，莲花与佛教有着不解之缘，关于释迦牟尼的许多传说都和莲花有关。

据说，释迦牟尼的母亲是净饭王的王妃摩耶夫人，她长得像天仙一样，性情温和贤淑。新婚之夜，她朦胧中看到远处有一个人骑着一头白象向她走来，并且逐渐变小，从她的右胁处钻入她的腹中。她心中模模糊糊地预感到菩萨化作一头白象入胎。

后来，怀有身孕的摩耶夫人的脸上，微微泛着红晕，那鲜艳的绿色领口的花边像一片莲叶，脸儿像绽开的莲花。佛祖在娑罗树下降生时，百鸟群集歌唱，天乐鸣奏，四季花木一同盛开，沼泽内突然开放出大得像车盖一样的莲花。佛祖一出世，便站在莲花上。

释迦牟尼觉悟成道后，起座向北，绕树而行，“观树经行”，当时就是一步一莲花，共十八朵莲花。每当他传教说法时，坐的是“莲花座”，坐姿也成“莲花坐姿”，就是两腿交叠，足心向上。佛教有“花开见佛性”之说，花即莲花。人有了莲的心境，就有了佛性。莲花“出淤泥而不染”，也有纯佛教意义的解释。周敦颐参禅，所以，佛家从《爱莲说》中读出佛性，也并非无稽之谈。

《爱莲说》不是学术文章，不能选入《近思录》。但《近思录》中选有不少周敦颐关于人格修养的语录，他教人追求虚静高洁，其精神与《爱莲说》是一致的。比如他要人坚守“中正仁义”，行事时应中道而行，静中处身应坚守正道，“君子修之吉，小人悖之凶”。如此德修而名馨，就能如莲花“香远益清，亭亭净植”。

追寻“孔颜乐处”

“孔颜乐处”，所乐何事？这是理学家代代都在追寻，但追寻了一千多年，至今没有答案的问题。

《近思录》是讲理学的。理学和孔子的儒学确实不一样，区别很多，其中很重要的，是思维方式不同。忘记了理学和孔孟儒学的区别，有些问题就总弄不明白。所以，读《近思录》，要换一换思维方式。理学的问题，很多需要灵心妙悟。明代大才子祝允明有一部《祝子罪知录》，其中记载：“濂喻学者曰：吾此妙心，实得启于南老，发明于佛印。《易》道义理，廓达之说，若不得东林开遮拂拭，断不能表里洞然，该贯弘博矣。”这书中还说：“道学性理之始，实倡于涯师，而至于总师，总以授周子。”所谓南老，是黄龙崇恩院惠南禅师，佛印则是佛印了元禅师，而“东林”“总师”是一个人，即东林照觉常总禅师，是黄龙惠南禅师的弟子。这几位都是北宋前中期著名禅学大师。祝允明是一位大才子，虽然行为不拘礼法，但也是一位儒家弟子。连他都说周敦颐的学问从佛教那里来，佛教中人更要咬定了。

理学的有些命题，来处可能与佛、道有关，这“孔颜乐处”就是一例。《近思录》记载程颢的话说：“昔受学于周茂叔，每令寻颜子、仲尼乐处，所乐何事？”说当年我跟从周敦颐学习，常常让我寻思颜回、孔子的乐处，他们所乐的是什么呢？这简单的一句话，在理学家那里可不简单，成了理学家代代相传、代代追寻，但始终没有结论的命题。但按照佛教的记载，这命题是佛教中人提出、让周敦颐思考的，明人宗本的《归元直指集》说，周敦颐“初扣黄龙南禅师教外别传之旨，南谕濂，其略曰：只消向尔自家屋里打点。孔子谓‘朝闻道夕死可矣’，毕竟以何为道？夕死可耶？颜子不改其乐？所乐者何事？但于此究竟，久久自然有个契合处”。说周敦颐当年向惠南禅师请教佛教教外别传的宗旨，惠南告诉周敦颐：要理解佛教的教外别传之旨，只需要思考你们儒学的有关问题就行了。他当时提出了两个问题：一个是，孔子说“朝闻道，夕死可矣”，这“道”是什么，以至于让孔子那么渴望掌握，早上能够听到、明白了“道”，晚上死了也心满意足？一个就是“孔颜乐处”，这从孔子对颜回的评价引出。《论语》上记载：“子曰：贤哉，回也！一箪食，一瓢饮，在陋巷，人不堪其忧，回也不改其乐。”意为：太有贤德了，颜回！一筐子饭，一瓢凉水，住在简陋的小巷子里，这样的生活，别人都受不了，会有承受不了的愁苦，可颜回不会改变他的快乐。现在问的是：是什么让颜回快乐的呀？惠南跟周敦颐说：你把这些问题弄清楚了，佛教教外别传的宗旨，你也就理解了。

读《近思录》，你会觉得奇怪：颜子所乐何事？这原本是一个很简单的问题，甚至没有想到过这里边会有什么问题，让周敦颐和程颢一说，成了一个特别玄虚、没有答案、深不可测的问题了。但如果你看了惠南的这句话，了解了它跟佛教“教外别传之旨”是同类的问题，你就明白了：这问题必须弄得很玄虚。

现在我们看看理学宗师们如何谈论“孔颜之乐”的。

周敦颐说：“颜子一箪食，一瓢饮，在陋巷，人不堪其忧，而不改其乐。夫富贵，人所爱也。颜子不爱不求，而乐乎贫者，独何心哉？天地间有至贵至富可爱可求而异乎彼者，见其大而忘其小焉尔。见其大则心泰，心泰则无不足，无不足则富贵贫贱，处之一也。处之一则能化而齐。故颜子亚圣。”世俗人所爱的富与贵，颜回不爱也不追求。这可以理解，但如果说他偏偏喜欢贫穷，那不是他心理有毛病吗？所以，颜回不会“乐贫”。颜回的快乐，是由于另有比人间富贵更能使他快乐的东西。在颜回的心目中，有一种天地间至高无上的“富”与至高无上的“贵”更值得他去追求，是不同于世俗的富与贵，当然这是精神的“富”与“贵”，“至贵至富可爱可求而异乎彼者”，是异于世俗之乐的高尚的精神满足。他的精神得到了最高的满足，除此之外，别无所求，世俗的富与贵，已经不在颜回的眼里了。富贵与贫贱，已经没有什么区别。所以，不管处在富贵中还是贫贱中，颜回都不会改变他的快乐。在周敦颐的观念里，这种至高境界的精神快乐和富贵贫贱没有关系。颜子之乐绝不是乐贫。

很多人都说颜回“安贫乐道”，对不对呢？程颐说：不对。有一次，程颐问他的学生鲜于侁：“颜子所乐者何事？”鲜于侁回答说：“乐道而已。”程颐说：“假如颜回是乐道，那他就不是颜回了。”既不是乐贫，也不是乐道，那颜回之乐到底是什么呢？这就令人很难理解了。朱熹的弟子们也感到困惑，问朱熹。朱熹说：“程颐的话，是启发你思考但不把结论说出来，那是让后学深入思考，自己得出结论。程子没有说，我朱熹也不敢妄为之说，你们想一想，孔子怎么教颜回的？颜回不是说过吗，‘夫子循循然善诱人，博我以文，约我以礼，欲罢不能’，直到竭尽了我全部的才智。你就一直思考，竭尽你们的才智去思考，也许那一天你就明白了。”让你思考一辈子，也许能明白。那就是说，也许一辈子也弄不明白。

我们不要跟着他们绕弯子了。这本来就不是一个可以有答案的命题，理学家提出这个命题，只是让学道的人去体验，体验在学道的过程中的那种心理感受，体验在境界提升过程中的心理感受，它类似于一种宗教情感，它不是知识的，也不是理论的，所以它是一个没有解释也用不着解释的命题。

凡是在那里自以为聪明试图解释“孔颜之乐”的人，都是理学的外行。理学具有某种宗教性，“孔颜乐处”的追寻，可以作为一证。

满目青山一任看

《近思录》是讲理学的，大家知道，理学也叫道学。不管佛、道两家怎么说道学是他们发明的，但这“道”不是佛家的道，也不是道家的道，它是儒家的道。在宋代之前，唐代的韩愈早就说过了。

儒、道、佛都讲“道”，各自讲的不一样。但理学家体会或说认识“道”的方式，实与佛、道区别不大。原因是理学在建立自己的理论体系时借鉴佛、道二家，但一旦形成自己的理论后，又自觉地有意识区别于二家，明确地与二家划清界限。

不过，了解理学与佛、道两家的关系，对我们读《近思录》有好处。读《近思录》需要“悟”，它不像《论语》《孟子》，《论语》《孟子》讲的都是如何做人、如何处理人际关系，以及如何治理国家等问题，比较容易理解。《近思录》里讲了很多心、性、义、理的话，多是比较玄虚的。有不少话，只看语言也容易懂，但他到底说的什么意思，就让人不太容易弄明白。还有些话，佛教或者道家有类似的说法，理学家故意回避，或者换一种说法，避免人们怀疑他们说的是佛教或道家的东西。比如说，程颐有一篇文章，讲《周易》，说《周易》中体现的“理”和那卦象之间的关系，用了“体用一源，显微无间”八个字，他的学生尹焞曾向程颐进言，说“似太露天机”。什么意思呢？他担心人们一看这八个字，就知道是从佛教那里来的。这八个字，就是佛教“体用无方，圆融叵测”，“往复无际，动静一源”的意思。

我们这里还讲关于“道”的故事吧。前边曾提到，周敦颐向黄龙惠南禅师请教关于佛教“教外别传之旨”，惠南说，这不需要用佛教的例子说，就从儒家典籍里思考，就能明白。他举例说：“孔子谓‘朝闻道夕死可矣’，毕竟以何为道？夕死可耶？”“道”是个什么神秘而又重要的东西，以至于让孔子对它如此渴望，看得比生命还重要？孔子说过什么是“道”吗？没有说过。那么孔子说的这个“道”，也就不是可以用语言解释清楚的，“道”的含义，就靠你自己去领悟了。这就像佛教说的“教外别传”。孔子原本的意思，一点也不玄虚神秘，他说的“道”，就是有关做人、做事、治国的道理。但让惠南这么一说，就神秘复杂了。周敦颐大约没有明白，就去问佛印：到底什么是道？果然得到了一个禅学的解答：“满目青山一任看。”周敦颐还想再问，佛印哈哈而笑，周敦颐“脱然有省”，豁然开朗了。故事讲完了，但周敦颐是不是明白了什么是“道”呢？到底什么是“道”呢？

可以肯定地说，周敦颐明白了。不仅周敦颐明白了，张载也明白了，程颢也明白了。但他们明白的，已经不是孔子说的“道”，而是近似于道家、佛教的“道”，或者说，他们用禅悟的方式去体会了这个“道”。当然，理学家的“道”并不是佛、道两家的道。

怎么知道周敦颐明白了呢？前边介绍翁森的那首《读书乐》：“读书之乐乐何如？绿满窗前草不除。”“窗前草不除”，说的是周敦颐。周敦颐窗前草不除，有人问他为什么，他说：“与自家意思一般。”这与道有关系吗？有。大道无言，而天地运行，万物发育。这是什么，既是不可见的“道”支配天地万物，也是显示天地仁爱之心。在理学家看来，这其实是一回事。窗前草也好，“满目青山”也好，都是神秘而玄妙的大道显示出来的形迹，大道不可见，你可以从“满目青山”或者窗前茂草中体会。如此你就明白了：“窗前草不除”，就是“满目青山一任看”。《近思录》还记载了张载的话，说气化流行，生成天地万物：“万品之流形，山川之融结。糟粕煨烬，无非教也。”万类品物流布而成形，融而为河流，结而为山丘。这些都不过是太和之气的糟粕灰烬，都无非是天地借之以向人们展示天地之理的。这比“满目青山一任看”说得明白些。

程颢有一首诗《春日偶成》：“云淡风轻近午天，傍花随柳过前川。时人不识余心乐，将谓偷闲学少年。”鉴赏家说这是一首游春诗，是他们不懂，其实这是一首体道诗。朱熹也有一首类似的诗，叫《春日》：“胜日寻芳泗水滨，无边光景一时新。等闲识得东风面，万紫千红总是春。”鉴赏家也说这是一首游春诗，错了，这也是一首体道诗。要指出鉴赏家的错误很容易，因为“泗水”在孔子的家乡曲阜一带，当时在金统治区，南宋人朱熹不可能到“泗水滨”寻芳。“寻芳泗水滨”象征着他读圣人之书，体圣人之道。究竟如何理解这两首诗？我们也“引而不发”，朋友们自己去领悟吧。

儒、道、佛用类似的思维方式，探讨着类似的问题，你觉得奇怪吗？但如果对这些人多一些了解，你会发现，那些儒、释、道大师们，他们的学问根基都差不多。不少禅师和著名道士，原本就是儒生。比如黄龙惠南禅师，少习儒业，博通经史，后读佛书而有得，出家成为高僧。道士陈抟，《宋史》说他：“读经史百家之言，一见成诵，悉无遗忘。颇以诗名。后唐长兴中，举进士不第，遂不求禄仕，以山水为乐。”也是一个儒生。不仅陈抟，很多道士本来就是儒生。理学宗师程颢对佛、道二教有很深的研究，曾经“泛滥于诸家，出入于老释者几十年，返求诸六经而后得之”（几十年是将近十年，不是数十年）。《近思录》上有记载，说程颢的弟子谢良佐跟随程颢在扶沟，有一天程颢对谢良佐说："你们在这里跟着我，只是学了些我的言语，所以你们的学问心口不能相应，不如去实行。"谢良佐问怎么做，程颢说："且去静坐吧。"程颐则每看见人静坐，就赞叹这人善学。这不是很像和尚或道士吗？孔子教学生也讲实行，是让学生去做事。程颢说的实行，却是静坐。禅师也好，道士也好，理学家也好，他们大致读了相同的书，差别只在最后的落脚点，是入于佛门、道观，还是做儒者。

读《近思录》，需要些"悟"的功夫，程颢称之为"体贴"。

理学家自己怎么说

理学家不可能承认他们的学说和佛、道有什么关系，如果有，那就是好比清风与雾霾的关系，理学是圣人之学的清风，他们用圣人之学的清风，廓清佛、道之学的雾霾，使圣人之道的阳光重新照耀大地。

圣人之道是一脉相传的，每一个时期都有与圣人之学为敌的“异端”，各个时期儒学的代表人物都在批驳异端中，维护着圣人之学的血脉相传。南宋黄震这么说：“道原于天，阐于伏羲，传于尧、舜、禹、汤、文、武、周公，而集大成于孔子。苟有异于孔子者，皆非吾之所谓道矣。战国时，杨墨尝害此道，孟子辟之，而道以明；汉魏以降，佛老尝乱此道，韩文公辟之，而道又明；唐中世以后，佛氏始改说心学，以荡此道，濂洛诸儒讲性理之学以辟之，而道益明。伊川既没，讲濂洛性理之学者，反又浸淫于佛氏心学之说，晦庵先生复出，而加之是正，归之平实，而道大明。”他认为，圣人大道原本于上天，古代的圣人们从天地自然中体悟了大道，比如伏羲氏“仰则观象于天，俯则观法于地，观鸟兽之文与地之宜，近取诸身，远取诸物，于是始作八卦”，从大自然和人类自身，从天象中，从地理山川法则中，以及动植物和人类自身，发现了大道，并用八卦这样的符号把它揭示出来。

伏羲发现的这个“道”，经过尧、舜、禹、汤、文、武、周公的代代传授，历代圣人不断有新的发明，在承传的过程中时时有新的发现，于是不断得到丰富。一直到孔子，集其大成，所以，孔子是最大的圣人。

但是，每一个时期都有不同的学说给儒学带来威胁，按理学家的说法，这些都属于“异端”，干扰甚至危害圣人之道。《近思录》卷十三就是《异端之学》。战国时，提倡“为我”的杨朱和主张“兼爱”的墨翟，都和儒学主张不同。《孟子》一书，很多内容都是批评杨、墨两家的。从汉魏以来，对儒学造成威胁的，主要是佛教，然后是中国本土宗教道家。按照黄震的说法，从韩愈经周、张、二程，直到朱熹，他们都在批评佛、老。这说法显然不客观，因为周敦颐没有批佛、老，宋代自觉批佛、老的，是张载、二程和朱熹。

黄震表扬了韩愈。其实张载、二程、朱熹都不大看重韩愈，说韩愈不怎么懂得圣人之道，只是要写文章，迷迷糊糊摸着了圣人之道的一点东西。《宋史》专门为道学立传，并且先梳理了“道学”传承的大统：“文王、周公既没，孔子有德无位，既不能使是道之用，渐被斯世，退而与其徒定礼乐，明宪章，删《诗》，修《春秋》，赞《易象》，讨论《坟》《典》，期使五三圣人之道，昭明于无穷。故曰：‘夫子贤于尧、舜远矣。’孔子没，曾子独得其传，传之子思，以及孟子。孟子没，而无传。两汉而下，儒者之论大道，察焉而弗精，语焉而弗详。异端邪说，起而乘之，几至大坏。千有余载，至宋中叶，周敦颐出于舂陵，乃得圣贤不传之学。……上自帝王传心之奥，下至初学入德之门，融会贯通，无复余蕴。”

孔子以前，这“道”是人传人的，他们都是帝王，或具有帝王一样权力的人，像周公那样，他们能把“道”在天下推行。到孔子，没有帝王的权位。他不能直接在天下推行大道，就去整理文献，把《易》《诗》《尚书》《春秋》这些书整理好，流传后世。千古以来，圣人大道，都记载在这些书里了。尽管天下可能没有了圣人，但圣人之道可以代代相传，绵延不绝。其功劳真是太大了。自有圣人以来，孔子功绩最为伟大，所以是“至圣”。孔子死后，传孔子之道的，先后有曾子、子思、孟子。古人称这一派是“思孟”学派。按理学家的说法，他们的学问是从这里来的，跟佛、道没有关系。

但是，从汉代开始，圣人大道便不显于世，理学家说是“经存而道亡”。这一千多年中，历代儒者也都读圣人经书，但没有明白圣人经书的意思，不懂得圣人之书的精义，圣人大道失传了。经书一代代流传，儒者一代代读经、解经，他们只是读得了经书的一些语言文字，没弄明白书中的意思。到周敦颐，或者更准确地说是到程颢，又从这经书里悟出了圣人大道。这种说法，今天的人很难接受，但古人相信。

同样的经书，同样下了功夫去读，怎么千百年来别人都悟不出的圣人精义，偏偏二程就悟出了呢？

《近思录》卷三专讲如何读书。程颐说“读书者当观圣人所以作经之意，与圣人所以用心，与圣人所以至圣人，而吾之所以未至者，所以未得者。句句而求之，昼诵而味之，中夜而思之，平其心，易其气，阙其疑，则圣人之意见矣”。意思是说，读书的人应当留心看圣人为什么要作经的想法，和圣人作经时的用心，与圣人之所以成为圣人，及我之未能达到圣人境界的原因、未能得到圣人之道的原因。每一句都如此去推求，白天诵读品味，夜里静静思考，放平你的心，放宽你的气，保留你搞不清的疑问，那么圣人之意就能领会了。领会了圣人之意，也就明白了大道。

二程认为，从汉代到唐代的人都不是这么读的。有人去一个字一个字地解释，比如说“窈窕”有幽娴的意思；有人关注经书里涉及的一些知识，比如解释“雎鸠”是一种水鸟，也叫王雎，样子像鸥，等等；有人专门学经书的语言，看怎么能把文章写得漂亮。这一切都是用错了功夫。程颐说，这些叫作辞章之学（学写文章）、训诂之学（解释文字）和名物之学，并称他们自己的学问是义理之学，只有义理之学能悟出圣人大道。所以程颢说：“天理”二字，是他自己从经书中“体贴”出来的。

理学的学问，是他们从经书中“体贴”或者说是体会、领悟出来的。他们称这是“自得”之学。

如何“体贴”

他们是如何“体贴”的呢？尽管《近思录》卷三讲了很多如何“格物穷理”的话，告诉人们如何弄明白圣人的思想，感悟圣人之道，但书还是那些书，千年来没人读出圣人大道，偏偏他们悟出了。这说法还是太玄。

他们说的“体贴”，可以说是一种感悟方式，是超越语言直击精神。如何才能超越语言直击精神呢？先举一个典型的例子。《论语》上记载子贡的一段话，说：“夫子之文章，可得而闻也；夫子之言性与天道，不可得而闻也。”意为孔子讲礼乐制度（文章就指礼乐制度，不是现在我们说的文章）那些话，我们是能够听到的。但他讲性与天道这些高超玄妙的东西，我们没有办法听得到。这话引起后人争论：孔子是不是讲过“性与天道”？如果没有讲过，这里明明说“夫子之言性与天道”。如果讲过，为什么又“不可得而闻”？按照子贡他们这些人跟孔子的关系，孔子讲的话，他们怎么会“不可得而闻”呢？所谓“不可得而闻”并不是他没有听到，而是没有可能听到。从子贡的角度说，他到底听没听到孔子讲“性与天道”？这段话本身自相矛盾。

理学家们怎么解释这个矛盾的呢？《近思录》卷三有张载的

解释："既言'夫子之言'，则是居常语之矣。圣门学者以仁为己任，不以苟知为得，必以了悟为闻，因有是说。"张载的解释是，既然说"夫子之言"，那就是夫子平常说过的话。圣门的学者以在天下实行仁作为自己的责任，不把随便听到的东西看作是收获，一定要透彻了解才认为是有"闻"。随便"听"到不算"闻"，真弄明白了才算"闻"。按这样的说法，可以理解为：孔子讲过，子贡也听到过，但并没有深刻理解和掌握其精神。这是一种解释吧。不过从子贡的话来看，他说的"不可得而闻"不是他一个人，是他们这些弟子们。那就是说，弟子们听过孔子讲性与天道，但大家都没有弄明白。程颐的解释与张载不同，《二程粹言》这样记载：

> **或问：性与天道，是诚不可得而闻乎？子曰："可自得之，而不可以言传也。"他日谢良佐曰：子贡即夫子之文章而知性与天道矣。使其不闻，又安能言之？夫子可谓善言，子贡可谓善听。**

有人问："性与天道，确实是不可得而闻吗？"程颐告诉他："性与天道这样高深玄奥的东西，只能自己领悟，没法用语言讲授，所以说'不可得而闻'。"有一天，程颐的弟子谢良佐说："孔子并没有讲性与天道，子贡是从孔子讲的其他的话里领悟到的。""性与天道"是玄虚不可言传的东西，但它却可以包含在其他有关问题的论述中，学者可自己概括、归纳、领悟出来，也就是从具体可感的一般性言语中，领悟抽象的、形而上的、难以言传的、精妙的东西，那意思就如"下学而上达"，学习具体的、一般的知识，从一般的知识中悟得高层次的不可言传的道理。谢良佐这样解释"闻"与"不可得而闻"的矛盾：假如他没有听到过，那他怎么会说到这个话题呢？孔子没有直接讲"性与天道"，因为"性与天道”根本就不是可以用语言表达的，但孔子很多话里包含了“性与天道”，聪明人可以从这些话里悟出“性与天道”；子贡也没有听孔子直接讲“性与天道”，但他从孔子有关的谈话中领悟了“性与天道”。所以，孔子是讲论的高手，子贡是领悟的大才。程颢也说：“性与天道，非自得之则不知，故曰：不可得而闻。”因为“性与天道”不是可以用语言传授的，只能靠自己领悟。你能自己领悟，你就能明白；你不能领悟，就不能明白。所以，想听孔子直接讲“性与天道”，那是不可能的。

如果把这个例子加以推广，那么在宋代理学家看来，圣人之道就是这样蕴含在经书的普通语言中。从汉到唐的儒者，他们都不会读圣人的书，不能从书中领悟圣人之道。只有宋代的理学家，才会读圣人书，才领悟了圣人之道。

照他们自己的说法，理学是这样来的。他们发明了圣人千古不传之道。

这样的例子很多。比如《论语》中记载，孔子站在河边，看到河中流水，发出了很深的感叹：“子在川上曰：‘逝者如斯夫！不舍昼夜。’”他看到源源而来又滚滚而去，永不间断流去的河水说：逝去的就像这流淌的河水呀！昼夜不停。孔子这话有很深的含义吗？可能有，也可能没有，很可能只是感叹时光的流逝。但宋代理学家一看：这其中大有学问啊！《近思录》卷三记载，程颐和弟子们讨论这个问题时，一个叫张绎的弟子说：孔子就是感叹逝去的无穷无尽。程颐很生气，批评他说：“哪里就那么简单，怎么会就一个无穷就完了！”程颐说：“孔子描述的是道的本体在天地之间的流行。”这含义可就太深奥复杂了。可是，从孔子这句话中怎么能看出是说道的本体呢？程颐告诉弟子们：“这需要你们自己看出来。”这确实是二程的发明，但发明的是不是孔子的意思，就难说了。什么“道体”，孔子恐怕做梦也没有想过。朱熹自认为是二程的继承人，所以赶紧做具体解说："天地之化，往者过，来者续，无一息之停，乃道体之本然也。然其可指而易见者，莫如川流，故于此发以示人，欲学者时时省察，而无毫发之间断也。"《近思录》里也记载了程颢的发明，他说孔子这话，"自汉以来,儒者皆不识此义。此见圣人之心，纯亦不已也。纯亦不已，天德也"。汉代以后，就没有人读懂孔子这话。从这句话就可以看出，圣人之心，与天道一样，是纯一的，又是流转不已的。纯一而又流转不已，是上天的德行。

他们反复说明的是，孔子说过的话，有很深的含义，但从孟子死后，就没有人能明白了。他们就是这样发明了、领悟了圣人经书中包含的大道，于是圣人之道，重新大明于天下了。

超越语言，直击精神，这精神是谁的精神呢？他们"发明"的，真是孔子之道吗？

四

是是非非说理学

张载像（据明崇祯刻本《圣贤像赞》）

圣贤气象

什么是“气象”，气象就是人的精神风貌。理学最重视的，是人的气象。《近思录》最后一卷，题目叫《圣贤气象》，就是描述从尧、舜、孔子到周、张、二程这些圣贤的精神风貌。

理学教人学习，不是学知识学文化，是学做圣人，是提升人格修养和人生境界。读书明理不能说不重要，但更重要的是人格熏陶，要陶冶成圣贤那样的人格和精神风貌。

这一卷书首先评价了孔、孟、颜、曾——他们最推崇的先秦圣贤，说：“仲尼，元气也；颜子，春生也；孟子并秋杀尽见。仲尼无所不包，颜子有自然之和气，不言而化者也。孟子则露其才。仲尼，天地也；颜子，和风庆云也；孟子，泰山岩岩之气象也。孔子尽是明快人，颜子尽岂弟，孟子尽雄辩。”

孔子大圣，没有什么具体的美好语言去赞美他，也没有办法具体描述他的美好品德，如果指出孔子的一长一善，那就大大贬低了孔子，他身上集中了一切美好的品德，又不能说明是什么美好品德，是无可名状、无法言说的美好。所以，孔子就是天地元气，无所不包，又不露任何痕迹。与这种至高无上的大圣气象相比，任何可以说明的崇高美德，都相去甚远。在孔子以下，是两位曾被称为“亚圣”的人，就是颜回与孟子。若说颜回是春天，孟子则像秋天。颜回之祥和就如春风春雨之发育生长万物，孟子抨击异端邪说则表现出秋天肃杀之气。

再下来是曾子。曾子在历史上没有被封为“亚圣”，但宋代理学家认为，在孔门诸贤里，曾子的地位很特殊。他有两大特点：他是孝的榜样，他是孔子学说的传授者。在《近思录》中，有一段单独表彰曾子：“曾子传圣人学，其德后来不可测，安知其不至圣人？只看他气象极好，被他所见处大。后人虽有好言语，只被气象卑，终不类道。”他的气象压倒了很多人。儒家学者认为，《论语》一书，记载孔子弟子一般称字，独曾参、有若二人称“子”，于是就认为《论语》是由他们特别是曾参的学生纂述的。

又据前人考证，曾子为孔子正传并开以后的思孟学派。据说孟子说过这样的话：“鲁有圣人曰孔子，曾子学于孔子，子思学于曾子。子思，孔子之孙，伯鱼之子也。子思之子曰子上，轲尝学焉，是以得圣人之传也。”这样就构成了颜、曾、思、孟的承传体系。

从孔子到颜、曾、思、孟，这是宋代理学家最为推崇的圣贤。颜、曾、思、孟在人格上各有优长，但都没有达到完美，但也是令后人千古敬仰的。但是，在孔子之外，周敦颐标举的人格榜样有两人，一个是伊尹，一个是颜渊，他说：“伊尹，颜渊，大贤也。伊尹耻其君不为尧舜，一夫不得其所，若挞于市；颜渊不迁怒，不贰过，三月不违仁。”他希望后学“志伊尹之所志，学颜子之所学”，抱有伊尹以天下为己任的志向，学习颜回那样的修养，成为像他们那样的大贤。伊尹是商汤的大臣，原本是一位厨师，被商汤看中，帮助商汤建立了商朝。伊尹有着强烈的社会责任意识，天下有一点点的问题，他就自责，说自己没有尽到责任。他辅佐的君主一定是圣王，他才对自己满意。伊尹和颜回是两种类型的人格榜样：伊尹是儒家致君泽民的榜样，颜回是人格修养的典范。

孟子以后，北宋以前，儒家有很多名人，比如扬雄、王通、韩愈等，也都是理学家标举的贤人，但各有所长，也各有所短，理学家对他们不是特别赞赏。

然后，能够作为人格榜样的，就是周敦颐、张载、程颢、程颐了。其中最被推崇的，是程颢。从《近思录》看，程颢的人格完美，差不多要赶上孔子了。说他“资禀既异，而充养有道。纯粹如精金，温润如良玉。宽而有制，和而不流。忠诚贯于金石，孝悌通于神明。视其色，其接物也如春阳之温；听其言，其入人也如时雨之润。胸怀洞然，彻视无间；测其蕴，则浩乎若沧溟之无际；极其德，美言盖不足以形容”。还说：“先生接物，辨而不间，感而能通，教人而人易从，怒人而人不怨。贤愚善恶，咸得其心。狡伪者献其诚，暴慢者致其恭。闻风者诚服，睹德者心醉。”反正是把所有美好的词语都加到他身上，还不足于形容他的美好。其他几个人，都有很多美好的语言来描述和说明他们的高尚品德，都是做人的榜样、圣学的功臣。

编《近思录》的朱熹写过北宋六位大学者的像赞，题目就是《六先生画像赞》，分别是周敦颐（濂溪）、程颢（明道）、程颐（伊川）、邵雍（康节）、张载（横渠）、司马光（涑水）。他赞周敦颐：“道丧千载，圣远言湮。不有先觉，孰开我人。书不尽言，图不尽意。风月无边，庭草交翠。”圣人之道丧失千年之后，没有周敦颐这样的先觉，谁来开悟天下众生呢？他那高超深奥的思想，保存在他的《通书》和《太极图》中，但文字和图画，怎么能完全表现他的思想呢？他的气象如光风霁月，他的精神在青翠的草木中显现。

他赞程颢：“扬休山立，玉色金声。元气之会，浑然天成。瑞日祥云，和风甘雨。龙德正中，厥施斯普。”程颢是宇宙间阳明之气润育而成，他那美好的容色如玉而声音如金。他是天地元气交会而成，他是天地的祥瑞。他崇高的道德，居则正行则中，不会有哪怕一丝一毫的偏差，他的思想给天下带来了普遍的润泽。其他几个人，朱熹也都给予了极高的赞美，当然没有超过程颢。

《近思录》对这些人的表彰，让我们感觉，他们是人间最完美的一群，是一切美好的代表。

毫无疑问，这是把他们完美化了。真实的孔子，真实的颜回，真实的程颢，也许都不可能如此完美。

后人为何拿理学家开涮

《近思录》中描绘理学家的人格，精金良玉尚不足以形容。但后人却常拿理学家开涮，说一个人古板迂腐，就称他是“道学”。一个人空疏不切实用，也是道学，一个人守旧不化，也是道学。后来，被称为道学的，是那些装出有学问的样子，其实腹中空空，叫人讨厌，人们称这样的人有“方巾气”，《牡丹亭》里的那个陈最良算是一个典型吧，死守经典教条，言行迂腐不堪，落魄穷酸还端着个圣贤弟子的架子。

人们拿理学家开涮的太多了，有俗的也有雅的。

俗的无过于色情小说《玉蒲团》写的那个“铁扉道人”了。小说写才貌出众的风流后生未央生，发誓要娶世间第一佳人。人们知道的美女见了个遍，“惹了多少妇人回去害相思，他却个个都看不上眼”。这时有个媒婆对他说：“这等看来，别的女子都不是你的对头，只有铁扉道人的小姐名叫玉香，才配得上你。”未央生觉得“铁扉道人”的雅号很奇怪，媒婆解释说：“这老者是有名的宿儒，做人孤介。家中有田有地无求于人，生平没有一个朋友，独自一个在家读书，随你什么人去敲门，他只是不开。有一个贵客慕他的名去访他，敲了半日门，莫说不开，连答应也不答应。那贵客没奈何，题诗一首写在门上而去。中间有两句道：‘但知高士篷为户，谁料先生铁为扉。’他见了这句诗，就拿‘铁扉道人’做了别号。生平没有儿子只得一女，生得如花似玉，无人可比。又且读了一肚子书，都是父亲所教，凡诗词歌赋皆做得出。他家的闺门严谨，又不走去烧香，又不出来看会，长了一十六岁不曾出头露面，至于三姑六婆飞不进门。”因为有这么一个爹，少女玉香姿容虽然无双，却不解风情。耳不闻淫声，目不睹邪色，所读之书不是《烈女传》就是《女孝经》。言行举止，也都像她那父亲。未央生娶了这个道学妻子，就给她取个诨名叫“女道学”。对她说一句调情的话她就满面通红，走了开去，更不用说未央生极喜欢的那些淫秽的事了。

《玉蒲团》的作者怎么拿“铁扉道人”开涮呢？还不仅仅是写他的迂腐，而是写他调教出来的那个“女道学”女儿，一旦尝到肉体淫欲的快乐，她对肉欲的追求，就如开闸的洪水，汹涌澎湃，成了无人能比的淫妇。“铁扉道人”十几年道学培育，在肉体淫欲面前不堪一击。

这岂不是对理学宣扬的人格精神的极大嘲弄？

要说雅的，大家熟悉的，无过于鲁迅写的那个孔乙己——穿长衫而站着喝酒的唯一的人。但他与理学究竟有多大关系，或者说他是不是懂得朱子之学，还很难说。现代学者曹聚仁写过一本《中国学术思想史随笔》，他拿理学开涮，并且还能跟《近思录》拉上关系。

南宋孝宗淳熙二年（1175）的四月二十一日，吕祖谦到武夷山朱熹的住处访问朱熹，两个人在那里讨论编《近思录》的事，在武夷山住了一个多月。

吕祖谦北归的时候，朱熹一直送他到现在的上饶，上饶铅山有个鹅湖书院，书院就邀请朱熹在这里讲学。吕祖谦是个厚道人，平时知道陆九渊还有陆九渊的哥哥陆九龄跟朱熹学术观点不合，他想借这个机会把他们请到一起讨论学术，弥合两家学术的矛盾。

朱熹和陆九渊学术矛盾处很多，其中之一是如何解释“格物致知”，朱熹认为，格物致知就是要多读书，多考察事物，综合归纳，得出认识。陆九渊不同意他的解释，说格物致知，就是自己的本性之善被遮蔽了，需要“格物”来发明自己本心的善性。去除本心之蔽，就能明理见性了。

在曹聚仁看来，他们这些争论，连同他们学问本身的意义，都是值得怀疑的。这回曹聚仁来到了当年朱、陆论学的鹅湖，但时代不同了，这是日本人正要灭亡中国的时候，日本人的飞机随时可能来轰炸。曹聚仁这样调侃宋代的理学家：假如朱陆正在登坛讲学，吕祖谦也在座，敌机在天空盘旋时，他们将如何教弟子们去应付这现实问题呢？依陆王的说法，应让弟子们闭目静坐，“泰山崩于前而色不变，麋鹿兴于左而目不瞬”，不为机声所慑。朱熹呢，他会教弟子们到书架上去翻查飞机的种类性能以及防空方法。吕祖谦会带着那一群学生逃到峰顶山脚，在树林崖石下掩蔽起来，卧倒不动。

他这是拿朱、陆开涮。再笨的思想家，也知道先活着再思想，炸弹落在头上时，没有一个人会在那里静坐，何况不是傻瓜的陆九渊。

拿理学开涮的人早就有了。二程活着的时候，他们的政敌和论敌就拿他们开涮，这暂且不说。清代学者颜元就把程朱比作没有思想、没有行动能力的泥塑，他对人说：“请画两个讲堂，你来看：一个堂上坐着孔子，他老人家穿了整整齐齐的衣裳，束了腰带，挂了宝剑，七十二个弟子陪着，弟子们有的演习礼仪，有的弹琴鼓瑟，有的跳文舞，有的跳武舞，借以作各种练习。有的跟老师谈仁孝，有的谈兵农政事，服装也像孔子那样。另一堂上坐着程颢老夫子，戴着高高的帽子，垂着宽宽的带子，眼光低垂，坐在那里像个泥塑，弟子和后学游酢、杨时、朱熹、陆九渊陪着，有的静坐反观内心，有的拿着书本咿咿呀呀诵读，或者讨论人心是应该静还是应该敬，或者握着笔管写书。你看这两个讲堂一样吗？”他说，理学这帮人呀，就是读书。可书读得越多，思考问题就越没有见识，治国理政就越没有能力。

人们为什么拿理学开涮呢？人们开涮的理学，并不是真正的周张程朱理学，也不是真正的程朱陆王理学。那俗的，是假道学；雅的，是被阉割过的理学。

为万世开太平：自期？自欺？

理学真的无用吗？按颜元的说法，人读书多了，就不会思考、不会办事了，那就让不读书的人去思考、去治国吧。也是，唐代诗人章碣，诗名不大，但有一句诗很有名："刘项原来不读书。"意为刘邦和项羽不是读书人。不过，章碣的意思并不是说不读书能办大事，而是讽刺秦始皇，秦始皇焚书坑儒，以为天下人都不读书了，就没人算计他的天下，他的江山就坐稳了。结果断送秦朝江山的，是两个不读书但敢造反的人：刘邦和项羽。人有读书读傻的，但要说不读书就不傻，那更不靠谱。

宋代的理学家可不会同意颜元这样的说法。程颢死后，程颐写了一篇表彰程颢功业的传记性文章。他在文章中这样说："周公没，圣人之道不行；孟轲死，圣人之学不传。道不行，百世无善治；学不传，千载无真儒。无善治，士犹得以明夫善治之道，以淑诸人，以传诸后；无真儒，天下贸贸焉莫知所之，人欲肆而天理灭矣。先生生千四百年之后，得不传之学于遗经，志将以斯道觉斯民。"孟子死后，天下陷入了黑暗。直到程颢出世，才给天下重新带来了光明。理学家们自信，他们是以救世者的身份来到世界上的。

《近思录》卷二有张载那段很有名的话："为天地立心，为生民立命，为往圣继绝学，为万世开太平。”他们就是以此自期自许的。他们怎么会认可颜元那样的说法，怎么能容忍理学无用之论呢？其实，《宋史》是把道学先生看得很高的，说理学家的学问太大了，太有用了，说宋代以后的皇帝，如果想治理好天下，“必来此取法”，一定得照着理学家说的办。

我们读《近思录》，其中有很多关乎治国的内容。卷八《治国平天下之道》，就是讲如何治国的。

程颐把治国的学问分为两部分，一部分叫作“治道”，就是治国的理论基础和指导思想，一部分叫“治法”，就是操作性的典章制度等。“治身齐家以至平天下”是“治道”，“建立治纲，分正百职，顺天时以制事，至于创制立度尽天下之事”，即建立治法纪纲，划分并摆正百官的职责，顺应天时以裁断处理事务，以至于创立制度使天下的事务不会有遗漏，这是“治法”。他认为，圣人治理天下的方法途径，只有这两个方面。

周敦颐也说：“治天下有本，身之谓也；治天下有则，家之谓也。本必端。端本，诚心而已矣。”意为：治理天下应该从根本处下功夫，根本是什么，就是治国者自己身正。治理天下有样板，那就是你自己的家，把你自己的家弄好了，别人也都跟你一样，把家治理好了，国家也就治理了。治理天下就是这么简单。

中国历代很多人都相信这个，1920年，已经是新文化运动后的事了，国难日深，教育家、国学大师唐文治筹建无锡国学专修馆，他“宣布讲学宗旨大略，谓吾国情势日益危殆，百姓困苦已极，此时为学当以正人心、救民命为唯一主旨，务望诸生勉为圣贤豪杰，其次当为乡党自好之士，预储地方自治之才……他日救吾国救吾民”。救世还要靠圣贤豪杰，读圣人书，正人心，救民命。要治国，要救世，唐文治的看法，还得从这里入手。在他眼里，理学是有大用的。

二程有一个不大争气的弟子叫邢恕，他说过，程颢很留心治国的具体学问。《近思录》卷九有他对程颢的记载，说：自古尧、舜及夏、商、周三代圣帝明王之治，之所以广博浩大、悠长久远，上与天、下与地同其流通的原因，程颢先生他自然已是默契融会，记之于心了。以至于制定礼乐制度文章，下而至于行军用兵，布阵之法，无不研究，全都达到了极致。又如外方各国的人情物状，山川道路之险易，边地防御，城寨警哨，山脉所控之地，流水系带之处等军事要害，无不穷究而详知。行政事务的操持决断，文书法令簿籍书简等务，又都精密而详练。像程颢先生，可以称作通儒全才了。

看来，程颢不是只坐而论道，还是一个很务实的学者，只是人们只记住了他关于天理、人心的话，忽视了他关注的具体学问。

《近思录》里还说，程颢曾做山西晋城令，在那里做县官，据说做得很好。百姓因事到城中去的，程颢见到他们，一定要用孝悌忠信告诫他们，让他们懂得在家应该如何对待父亲兄长，出外应该如何对待上级长官。估量乡村之间的距离分别组成伍保，让他们有出力服役的事就互相勉励，有患难就互相救助，这样奸诈的人就无处容身。凡是孤独和残疾的，要他的亲族和乡里负责，不能让他们流离失所。行路的人从其境内经过，凡有大病小痛都能有所奉养。

各乡都建有义学，程颢先生在闲暇的时候亲自到这些学校去，与当地的父老交谈。儿童所读的书，亲自为他们订正断句。老师不称职，就另行配备。选择子弟中的优秀者，集中起来加以教育。乡民们组织社团，程颢给他们订立约规制度，以分别善恶，使他们都有上进之心和羞耻之心。

《近思录》里还说，王安石推行新法时，一些反对新法的人抵制，结果是上下僵持，影响政事。程颢则不然，他并不强硬抵制，而是在法令下做些变通，很多在别人看来没法解决的问题，程颢解决得很好。看来，他确实有治国之才。

但是，等理学在天下流行，很多信奉理学的人，只是天天高谈性命义理，没有实际能力，不研究实际学问。南宋灭亡后，很多人反思南宋亡国的教训，说是理学“空谈误国”。把南宋亡国的责任归咎于理学，当然冤枉，但受理学影响形成了空谈不实的风气，确是事实。

理学家要为“万世”开太平，张载说这话不足百年，北宋就灭亡了。又过了一百五十多年，南宋也灭亡了。他们开的太平在哪里？他们对自己学术的自信，确实太过头了。

“为万世开太平”，既是自期，又是自欺？

孟子遇上朱元璋

宋代的理学，是程朱理学。明代以后的理学，是朱元璋理学。程朱理学，或者我们干脆说朱熹理学，是活的学术；朱元璋理学，是死的教条。

朱元璋推翻了蒙古人建立的元朝，要用理学治国。但他发现，不同的学者讲的理学大不一样，相信谁的呢？他身边那些学者们，都自称信奉朱熹之学，那就按朱熹说的吧。凡是不符合朱熹学说的，都让他一边休息去。这就如汉代的“罢黜百家，独尊儒术”。国家往哪里走，众说纷纭，谁都说自己的主意高，路子好。纵有百条路，都要归到朱熹说的那条路，这就是“合众涂于一轨，会万理于一原”。人人都自以为很高明，各说各的理，但都要符合朱熹说的那理。这样“俾人皆由于正路，而学不惑于他歧。家孔孟而户程朱，必获真儒之用；佩道德而服仁义，咸趋圣域之归”。学术要统一，思想要统一。统一到哪里？统一到朱熹。清代有人说，这时是“言道学者必宗朱子”。

但是，朱元璋的理学真的是朱熹理学吗？肯定不是。要说明这一点并不困难：仅就宋代理学家和朱元璋对孟子的态度，就能清楚地区分开来。在唐代及其以前，孟子只是诸子之一，与老子、庄子、墨子、韩非子一样，都是先秦诸子，在儒家内部的地位，也和荀子、扬雄差不多。到唐代，韩愈提倡儒家“道统说”，说圣人的大“道”，原本是历代圣人相传的，“尧以是传之舜，舜以是传之禹，禹以是传之汤，汤以是传之文武周公，文武周公传之孔子，孔子传之孟轲。轲之死，不得其传焉”。这个“道”，尧把他传给舜，舜传给禹，禹传给汤，汤传给周文王、周武王和周公旦，文、武、周公传给了孔子，孔子传给了孟子。可是孟子没有正宗的继承人，他死了，这“道”也就没有传下来。把孟子和尧舜禹汤、文武周公并提，和至圣孔子并列，那是什么地位？“天不生仲尼，万古长如夜”，自孟子之死，千古如长夜。

孟子遇上二程朱熹，是他的幸运；遇上朱元璋，是他的不幸。

宋代理学家把孟子本人和书都抬得很高。他们编《四书》，《孟子》与《论语》成了同样重要的书。他们教人读书，先读《四书》，然后再说六经。程颐甚至说：“学者当以《论语》《孟子》为本。《论语》《孟子》既治，则六经可不治而明矣。”《论语》《孟子》研习过了，六经不用研究就自然明白了。这话就在《近思录》上，现在看来有些不靠谱，但说明程颐对《孟子》有多么推崇。他还说：学者先要读《论语》《孟子》，读透了《论语》《孟子》，自然有一个要领，拿它去看别的经书就很省力。《论语》《孟子》就像尺与秤一样，用它去度量事物，自然能见出长短轻重。《孟子》被重视，孟子本人的地位也跟着被抬高。过去，颜回是儒家的亚圣，在孔子庙中，陪伴孔子的是颜回。到宋代，孟子取代了颜回，孟子成为儒家的亚圣，孟子陪伴着孔子，颜回只好侍立了。

遇上朱元璋，孟子就倒霉了。朱元璋读了《孟子》大为恼火，他看见《孟子》一书中有“民为贵，社稷次之，君为轻”，这老头按重要程度，把老百姓、国家、君主排了个顺序，说最重要的是老百姓，其次是国家，与百姓、国家相比，君主最不重要。这在天下一人为尊的明代，在朱元璋那里，怎么能行得通？这老头还说：“得百里之地而君之，皆能以朝诸侯，有天下。行一不义，杀一不辜，而得天下，皆不为也。”意思是说，圣王征服天下要靠仁德与正义，不能靠武力，当然他还反对用权术。哪怕你只有百里方圆的地方，你行王道，用仁义，就能让诸侯来朝见你，奉你为天下之主。所以，圣王是不能靠征伐杀戮征服天下的，即使是干一件不义的事，杀一个不该杀的人而得到整个天下，圣王也是不干的。他骂那些用残酷的战争争夺天下的人：“争地以战，杀人盈野；争城以战，杀人盈城。此所谓率土地而食人肉，罪不容于死。”这样的人，即使得到了天下，他只能是罪大恶极的罪人，杀了他也抵不了他犯下的罪恶。两千年前的这个老头，分明是指着朱元璋的鼻子骂他。孟子还说，君主和大臣之间应该互相尊重，如果君主不尊重大臣，大臣完全可以不尊重国君：“君之视臣如手足，则臣视君如腹心；君之视臣如犬马，则臣视君如国人（国都中一个普普通通的人）；君之视臣如土芥，则臣视君如寇仇。”他这里没有“君为臣纲”。朱元璋恨透了这个死了两千年的老头，“怪其对君不逊，怒曰：使此老在今日，宁得免耶！”意为这老头简直太不像话，能这么对待君主吗？假如他生在我朱元璋的时代，他能逃掉一死吗？朱元璋在开国后屡兴大狱，胡惟庸案杀人三万多，蓝玉案也杀了一万五千人。朱元璋杀功臣，也杀文人。由元入明的著名文人，没有几个善终的。所以，孟轲要是生在明初，命运是一定的：杀头。朱元璋对孟子这人已是无可奈何了，但他的书不能放过，于是朱元璋派翰林学士刘三吾删节《孟子》，删除其中“对君不逊”和“荒唐”的话八十五章，保留一百七十多章，删去的内容占全书的三分之一。删过的《孟子》叫作《孟子节文》，读书人就读这本删节过的《孟子节文》。

那么，朱元璋宣扬的理学，是朱熹理学呢，还是朱元璋理学？

谁把“活蛇弄死”的？

禅宗参禅，高明的禅师，把“死蛇弄活”；平庸的禅师，把“活蛇弄死”。当然这是比喻。把这比喻移到理学上，周敦颐、张载、二程从死的经书中解出了新意，就如把“死蛇弄活”。活泼泼的理学到明代成了僵死的教条，就如把“活蛇弄死”。

理学原本是活泼泼的理学，活理学怎么变成了死理学？是谁把“活蛇弄死”的？

现在说起理学，大家都说是僵化的、保守的、反对变革的。这实在是误会。宋代理学因变革需要而产生，为社会变革提供理论依据。《近思录》卷八有程颐这样的话，大意是说：治国之道也有从根本上说的，也有从行事上说的。“从本而言，惟是格君心之非，正心以正朝廷，正朝廷以正百官。若从事而言，不救则已，若须救之，必须变。大变则大益，小变则小益。”意为，从根本上说，端正君心以端正朝廷，端正朝廷以端正百官。百官正则天下正。从行事上说，必须变革。大变就大益，小变就小益。大程子更是从根本上为变革寻找依据，他给皇帝上书说：“无古今，无治乱，如生民之理有穷，则圣王之法可改。”意为，不论古今，无论治世乱世，凡是治国之道在生养育民上行不通时，那么这圣王之法也就应改革了。

他认为，如果有人只知道拘泥于古法而不能因时制宜而施行于今天，如果只追求虚名而废弃了精神实质，这是陋儒，不值得去和他讨论治国之道。这话在《近思录》的第九卷。

其实，古代的有识之士早就明白明清的官方理学不是程朱理学，只是不能明说。明永乐年间编定《五经大全》《四书大全》《性理大全》（所谓“三大全”），以为定本，儒生读书，科举考试，都以“三大全”为准。这似乎是尊崇理学，推尊朱熹，但所谓定本也就宣告了理学生命力的终结，使得理学失去了原有的怀疑和进取精神而走向僵化。后世拘儒，除考试要用的“大全”之外不知有其他。这些人，既没有真正弄懂理学，他们的僵化与迂腐，也是与理学的基本精神相悖的。所以人们称之为“假道学”“伪理学”。清代吴敬梓在《儒林外史》中，把这些话都说出来了。书中塑造的理想儒士形象（即作者本人的化身）杜少卿著有《诗说》（即吴敬梓《文木山房诗说》）。一天，一群所谓的名士聚会，议论这部《诗说》，两个只知道科举之学的“名士”，一个问“可单是拟题”（拟题就像现在说的押题的模拟高考作文），另一个问“想是在《永乐大全》上说下来”。这《永乐大全》，就是永乐年间编定的“三大全”。吴敬梓这里讽刺俗儒“大全”之外不知有其他。小说接着写道：“杜少卿道：‘朱文公解释，自立一说，也是要后人诸儒参看。而今丢了诸儒，只依朱注，这是后人固陋，与朱子不相干……’”

明清官方标榜的程朱理学并非真正的程朱理学，这也正如汉代“独尊儒术”之儒并非孔子之儒一样。

明清以八股取士，以朱熹注的《四书》为依据。这好像考的是理学。很多人把八股取士和理学绑在一起，进一步和二程、朱熹绑在一起。但清代康熙皇帝就很清楚，他知道，那所谓的“理学”，是伪理学，他批评那些假理学：“终日讲理学，而所行之事，全与其言背谬，岂可谓之理学？若口虽不讲，而行事与道理相合，此即真理学也。”所以，他即位后，曾宣布废除八股取士，改为策论。但几年后，又恢复八股取士。到乾隆九年，兵部侍郎舒赫德请求废除八股取士，说“科举之制，凭文而取，按格而官，已非良法。况积弊日深”，“实不足以得人”。当时诸大臣再三议论，结论仍然是沿用八股，大学士鄂尔泰说得很露骨：“非不知八股为无用，特以牢笼士志，驱策英才，其术莫善于此。”“牢笼士志，驱策英才”，就是要把有志之士，变成听命之奴。这就是他们的“大用”。看来，他们对假道学有明确而深刻的认识，对假道学的虚伪无用比谁都清楚。

那么，究竟是谁把活蛇弄死了呢？是朱元璋和朱棣，即明代的洪武皇帝和永乐皇帝。永乐年间全纂“三大全”，这“三大全”一出来，别的书就不用读了，读了也不用思考了。那时有个学者叫薛瑄，他说：朱熹以后，圣人之道已经大明，不需要再去写什么著作，也不需要去发明了，就照着朱熹说的做就行了。还有一个叫章懋的也说：经书到朱熹以后，就不用再做注解了，“只遵闻行知”就行了。也就是一切相信朱熹的，一切遵照朱熹的。可是，他们都忘记了朱熹那首《观书有感》的诗：“半亩方塘一鉴开，天光云影共徘徊。问渠那得清如许，为有源头活水来。”流水不腐，户枢不蠹。没有了源头活水，理学就失去了它活的精神。

于是，活蛇死了。

活的理学是学说，一种学说，它永远在求真的过程中，永远需要怀疑和思考，是一个没有终点的求真的过程。皇帝那里的所谓“理学”是教条，教条是只要尊信，不用怀疑，当然也用不着思考。教条从它出现时就是固定的，从来没有活的教条。

寡妇果真不能再嫁吗

据说宋代以后，中国的妇女很不幸，死了丈夫就得守寡到老。要改嫁，那就是“失节”。节操比生命重要，守寡中心理和生理的煎熬，那算什么？但人首先得活着，丈夫死了，生活没着落，那怎么办呢？可那该死的程颐竟然说：“饿死事极小，失节事极大。”过去批理学，批二程，这是一大罪状。

程颐确实说过这话，在《近思录》第六卷里，有这样的对话：

有人问：按道理说，人不应该娶寡妇做妻子。是不是这样呢？

程颐说：是的。大凡娶妻，是和你自己做配偶。如果你娶了个失节的人做你的配偶，那不等于你自己也失节了吗？

又问：有的寡妇孤儿寡母的生活没有着落，可以再嫁吗？

程颐回答说：都是后世的人怕冻死饿死才这么说。但饿死事极小，失节事极大。

可能这样的说法太不近人情，所以民国时张伯行刊刻《近思录》时，把这条删去了，换了一条：“今人多不知兄弟之爱。”

古代还有女子殉节之说，丈夫死了，他的妻子以及不是正妻的妾要殉节，跟着一起死。这是不人性、不人道的，是“以礼杀人”。女子殉节之说，在宋代以前早就有了。唐代有个关盼盼，就因殉节而出名。现在还有她的遗迹，就是徐州燕子楼。那时在徐州做节度使的张建封，是一位文采风流的官员，他养了一群歌妓，其中最优秀的叫关盼盼，张建封爱她，把她娶来做妾。白居易年轻时去徐州，张建封招待他，还让关盼盼给他唱歌，白居易给关盼盼写了诗并记录这件事，说：

> **徐州故张尚书有爱妓曰盼盼，善歌舞，雅多风态。予为校书郎时，游徐泗间，张尚书宴予，酒酣，出盼盼以佐欢。欢甚，予因赠诗云："醉娇胜不得，风袅牡丹花。"尽欢而去，尔后绝不相闻，迨兹仅一纪矣。**

可见关盼盼是色艺两绝。大概是张建封对关盼盼太好了，后来张建封死了，别的歌妓都另投新主，关盼盼哪里也不去，就守着张建封的旧房子，就是那座名叫燕子楼的小楼，"盼盼念旧爱而不嫁，居是楼十余年，幽独块然"。但多事的白居易觉得，关盼盼这样似乎还做得不够，他听说这件事后写了一首诗，说："黄金不惜卖蛾眉，拣得如花四五枝。歌舞教成心力尽，一朝身去不相随。"意思是为张建封遗憾，说张建封不惜花大价钱买了几个女孩子，自己教她们唱歌跳舞，她们也学成了，张建封自己却死了，哪一个会跟着他张建封到阴间给他唱歌呢？他白白付出了却不能享受。关盼盼是知恩必报的，一定要对得起张建封，所以十多年独守燕子楼。看了白居易的诗，她哭了，说白居易根本不理解我，我不是不能随爱我的人死，只是他是大人物，要顾全他的名声。我死了，别人会笑话他有"从死之妾"，这会玷污他的清名。既然白居易这么说，我就随我的将军去了。于是绝食而死。现在徐州燕子楼还在，历代文人墨客到这里都会写诗。关盼盼也就成了名人。唐代还没有理学就已经有了这样的事，以后再有这样的事，也应该与程颐、与理学没有太大关系。但后来女子殉节，也被说成是受了理学的毒害。

《儒林外史》上说，徽州府有个穷秀才叫王玉辉，年过六十，年年科举，屡试不中。他却相信女子守节那一套。他的三女婿死了，女儿要殉夫，公婆不肯。他反而劝亲家让女儿殉节。对女儿说："我儿，你既如此，这是青史留名的事，我难道反而阻拦你？你就这样做罢。"这一下把女儿逼得没有退路，八天以后，女儿穿着守孝的白衣服，绝食而死。女儿白白死了，他却仰天大笑说："死得好！死得好！"事过之后，当他女儿的灵牌被送入烈女祠公祭的时候，他突然感到了伤心。回家看见老妻悲痛，他也心上不忍。想想女儿就这么死了，这个家他待不下去，只好离家外出，换换环境散散心。一路上，他悲悼女儿，栖栖惶惶，到了苏州虎丘，见船上有个穿白衣服的年轻妇人，一下想起了穿着白色孝服殉夫死去的女儿，伤心的泪水滚滚流下。有人说，这王玉辉就是中了程颐的毒，这笔账要记在程颐头上。

其实，这账还真不能算到程颐头上。程颐说这话，当时就是这么一说，并不是认为铁定应该如此。他还说过赞扬寡妇再嫁的话，却没有人在意。他说寡妇不能再嫁，就有人宣扬。

他赞扬寡妇再嫁，更是真心话。为什么呢？因为这里涉及的人，有他的父亲、姑姑和表姐妹，还有外甥女，再嫁的是他的外甥女。程颐写他父亲的传记，说父亲是如何的品德高尚，如何慈爱，对家人是如何好。说他父亲对兄弟姐妹以及堂兄弟姐妹都很好，对待他们的子女就像对自己的子女一样。二程的伯母，也就是他父亲程珦的嫂子寡居，程珦照顾寡嫂很周到。这寡嫂的女儿也就是二程的堂姐守了寡，当然可怜，在婆家没有了丈夫，娘家又没有父亲，但她有个好叔叔，就是二程的父亲。程珦把这寡侄女接回家，不仅承担了她一家人的生活，还负责她孩子的教育，和自己的孩子完全一样。可是，这侄女的女儿出嫁以后也守了寡，这就是二程的外甥女了。怎么办呢？程珦可以养她，但她还年轻，她需要的不仅是吃饭。程珦把她接回来，然后找个好人家把她再嫁了出去。程颐认为，这是父亲的功德。这么说，程颐又是赞成寡妇再嫁的。王玉辉让他女儿殉节，是他自己愚蠢，跟人家程颐有什么关系呢？人家程颐自己的外甥女都改嫁了，也没有殉节。

元代有一位孔子后裔叫孔克齐，他写了一部《至正直记》，其中有这样的话："妇人以不嫁为节，不若嫁之以全其节。"让年轻寡妇守节，有多少能真正守得住？不让改嫁就偷情，还不如让她改嫁，免得干出丑事。古代也有这样的通达之论。

再嫁来的皇后与程颐的不合时宜

男人不应娶寡妇，寡妇再嫁是失节，男人娶失节女也是失节，“饿死事极小，失节事极大”，程颐当时也只是和学生私下说这事，没有打算管天下寡妇再嫁的事。他自己外甥女再嫁时，他不阻拦，嫁外甥女的是他的父亲，他还把这事作为父亲的功德颂扬。

明清时候人自诩家门清白，喜欢说这样的话，“我家三代无犯法之男，再婚之女”。宋代肯定没有这样的观念，否则，程颐外甥女再嫁，不是有辱家门吗？程颐肯定不认为外甥女再嫁有辱家门，更不会认为他父亲做了辱没家门的事。

更重要的是，说这样的话，在宋代不合时宜。

为什么？因为当时有两位皇后都是再嫁女：一个是真宗皇帝的章献皇后，一个是仁宗皇帝的光献皇后。按他程颐的说法，女子再嫁失节，男人娶再嫁之女，自己也是失节。这话公开讲出来，起码这两位皇后和皇帝都是失节。那他程颐不是自找麻烦吗？

真宗章献皇后姓刘，华阳人，她原本是一个银匠的妻子，后来再嫁给真宗。那时真宗还是襄王，有一天跟身边的人说：蜀地的妇人多才而且聪慧，我想得到一位。刘氏原本嫁给蜀人龚美为妻，龚美是个银匠，把她带到了京城。后来龚美家贫，想把刘氏再嫁了。

有个叫张旻的人在襄王府供职，就把这事告诉了襄王，于是刘氏被招入王府，并得到襄王的宠幸。襄王的乳母很不喜欢这个转手来的女子，就把这事告诉了当时皇上太宗皇帝，太宗皇帝要襄王把这个女子赶走。襄王不敢违抗，又舍不得，就要把她放在张旻家。张旻哪敢让襄王喜欢的女子住在自己家呀？襄王就给了张旻五百两银子，让他在外边建了一座别馆，安排刘氏。

太宗去世，真宗即位，就把刘氏接入宫中，封为美人，后来竟成了皇后。宋仁宗的光献皇后也是再嫁女，她当时嫁给李姓人家，不过结婚当天，那姓李的逃婚跑了，虽有婚姻之名，却无婚姻之实。但按礼法，她也是结过一次婚了。

在宋代，女子再嫁并不受道德谴责，不像程颐说的那样。宋人刘斧所撰传奇小说集《青琐高议》，其中有一篇《孙氏记》，表彰了一个嫁过三个男人的孙氏。这孙氏二十一岁，她的丈夫是个老头，五十三岁，名叫张复，老而且贫。故事的男主角叫周默，在常州宜兴做文书官。周默比较聪明，“幼小知书，尤好方药之书，亦稍稍通其术，里巷称其能医”，就是个客串医生。

有一天，张复求周默给妻子孙氏看病，说妻子病危，自己家贫，请不起职业医生，只好请周默这位业余医生帮忙诊治。周默去看病，意外发现这病妇孙氏竟是一个绝色美妇：“往见其妻孙氏卧小榻，容虽不修饰，然而幽艳雅淡，眉宇妍秀，回顾精彩射人。默见之愕然。”此时周默妻子死了一年有余，“既见孙氏，心发狂悸”，一心想得到孙氏。

此后他用尽一切办法挑逗孙氏，包括请孙氏吃饭，给孙氏写了一封封信、一首首诗。有一首诗说：“五十衰翁二十妻，目昏发白已头低。绛帏深处休论议，天外青鸾伴木鸡。”说你妙龄绝色，却甘心守着一个老头，我替你含羞，也太亏了。但孙氏始终不为所动，坚守礼法，并且说你作为士君子，怎么能干这样的事？我就是古代烈女一样的人。“青松固不凋于雪中，千万无惑焉。”周默一切技穷，看来无望，只好作罢。但却并不甘心。这时他调官外地，就给孙氏写封告别信，说自己愿意终身不娶，等待孙氏。

过了三年，周默偷偷跑回来，找到孙氏住的地方，一打听，那老头死了一年多了。周默赶紧找媒人，终于如愿以偿，抱得美人归。如此艰难得来的恩爱，那感情之浓，是不用说了。

但孙氏发现，这周默是个贪官。孙氏非常痛心，大哭着跟周默说：我到现在三次嫁人了。最初嫁的丈夫，是个浪荡少年。中间嫁了那老翁，不幸他又先死了。最后嫁给你，自以为得意，没想到你不能奉法爱民。你这样贪赃枉法，老百姓受了多少害呀。你这样迟早会遭报应的，“吾不忍周氏之门无遗类，子不若复归其财于民，慎守清素。况子俸钱所入，用之有余矣。贤者多财损其志，愚者多财益其过。夫妇大义，死生共处。君既自败坏，不若我先赴死地，不忍见子之死也。今与子诀矣！”说完就要去跳井。

周默急忙拉住她的衣服说：“如果你跳井，那我也跟着跳。我愿意改过以报答你。”周默果然变成了一个廉洁的清官。他们生了两个儿子，孙氏亲自教他们，都成了名进士。这是老天对她的报答。

小说最后说：“妇人女子有节义，皆可记也。如孙氏，近世亦稀有也。为妇则壁立不可乱，俾夫能改过立世，终为命妇也，宜矣。”

这个三次嫁人的孙氏，是“有节义”的，看来再嫁不算“失节”。假如她当初在周默的挑逗下跟周默私通，那就失节了。张复死了，嫁给周默，光明正大。又把一个贪官改造成清官，有利于国家和百姓，所以值得赞扬。

由这部小说，可以了解那个时代一般人对女子再嫁的看法：再嫁正常。

皇后可以是再嫁来的，民间再嫁是正常的事。所以，程颐之论，在那个时代不会成为大众的普遍观念。这种观念流行，是以后的事。

强行推行这些观念的，自有其人。程颐偶然说过的一句话，被他们借用了。即使程颐没有说过这句话，他们依然会推行这样的观念。这种观念流行，自有应该负其责的人。

“作文害道”说的背后

不少人不喜欢程颐，特别是研究中国古代文学的人，说程颐“重道轻文”。程颐有“作文害道”说，惹得很多写文章的人不高兴。程颐认为，人要是把心思都用在写好文章上，人品修养也许就会有问题。这观点简直不可思议。

《近思录》收录了程颐“作文害道”的话。有人问：“作文害道否？”他回答说：“害也。”写文章怎么就危害到了天地间的大道了呢？其实，那隐而不见又支配一切的大道，是任何东西都损害不了的，程颐所说的“害道”，是指危害或影响人们学道。他解释说：大凡作文，不专心则写不好。如果专心了，那么心志局限在做文章上，又怎么能够使自己的心胸与天地同大呢？

《尚书》上说：“玩物丧志。”程颐认为，作文也是玩物。人应该专注于学道，程颐的弟子吕大临有一首诗说：“学如元凯方成癖，文似相如始类俳。独立孔门无一事，只输颜氏得心斋。”晋代大学者杜预，字元凯，特别喜欢读《左传》。那时候杜预的同僚们各有爱好，比如王济喜欢马，擅长相马，和峤喜欢聚敛钱财。杜预常说，王济有马癖，和峤有钱癖。晋武帝听说了，就问杜预：“你有什么癖好？”杜预说：“臣有《左传》癖。”好学是好的，但好学成癖，那也不好，理学家不赞成。像司马相如那样，把精力用在写文章辞赋上，整天琢磨的是怎么把文章写得让人喜欢，那不就跟用表演讨人喜欢的俳优（就是古代表演滑稽戏的演员）一样了吗？司马相如拿了汉武帝陈皇后的银子，写了那篇“俳谐之文”《长门赋》，遭人非议。程颐特别赞赏这首诗表达的意思。他认为，古代的学者只专意于涵养性情，不学其他的东西。今天写文章的人，专意追求辞章语言的悦人耳目。既然务求取悦于人，不是俳优又是什么呢？专注于写文章的人，那人格、心态不是像下贱的优伶吗？所以，写文章有害于学道。

程颐反对人们专注于写文章有两个方面的原因，第一是写文章占用精力，玩物丧志，妨碍学道；第二是写文章的人对圣人之道没有深切的体会，文章中讲的那些理，自己都没有真正明白，说得似是而非，不得要领，流于谬误，把道说歪了，危害了道的传播。

这第二方面，是针对当时的文章家说的。程颐认为，那些文章家，为了文章耸人听闻，把文章写得意气风发，多做不实用之高论，好像很有道理但却似是而非。程颐说，古代圣贤文章中说的那些话，是不能不说不得已才说。因为他说了这话，这方面的道理就讲明白了；他没有说这话，天下人就不清楚这方面的道理，弄不明白。就像老百姓家，少了一种用具，生活就不方便；天下少了一种用具，天下人生活就不方便。后来的人刚刚拿起书本，就先写文章。一个很平庸的人，写的文章比圣人留下的文章多得多，但这些文章，全都是没有用的多余的话。还不仅仅是无用而多余，他不明事理，说话不得要领，把理都说偏了，说歪了，说走样了，把圣人之道说得似是而非，反而危害了圣人之道。

程颐这是批评谁呢？批评的是苏轼和他周围的那些文章家。

现在人们说，中国古代文化发展到宋代，达到登峰造极的地步。是不是登峰造极且不说，宋代确实是中国文化史辉煌的时代，是产生了文化巨人的时代。苏轼是文化巨人，程颐是文化巨人，当然还有很多文化巨人。这些文化巨人分属不同的学派，比如程颐代表的学派，人们称作洛学，因为二程兄弟住在洛阳，他们那一派人，被称作“洛党”。苏轼代表的学派，人们称之为蜀学，因为苏轼兄弟和他的父亲，是蜀人，他们那一派人，被称作“蜀党”。洛党和蜀党，在当时有矛盾，这矛盾直接反映在程颐与苏轼两人的不和上。影响更大的，是苏轼代表的文章家与程颐代表的理学家的矛盾。

苏轼与程颐的矛盾，人们在感情上多偏向苏轼这一边。我们不妨看看林语堂先生的《苏东坡传》中是怎样叙述两人的不和的。

在苏东坡升任翰林学士不久，司马光在哲宗元祐元年（1086）九月逝世。灵柩停在灵堂，司马光的朋友本当前去祭拜，并且吊丧者应当哭几声。但是那天正好是神宗灵位送入太庙的斋戒之日，全体官员都要遵礼去斋戒，没有时间去给去世的宰相吊丧。九月初六，依照古礼在盛大肃穆、乐声悠扬的典礼中，将神宗的灵位安置在太庙里。朝廷举行大赦，罢朝三日。文武百官都要参与大典。

事有凑巧，司马光的丧礼由理学家程颐主办。这位理学家，话往最轻里说，也不是个和蔼可亲的人，那副自命不凡的样子更使苏东坡烦恼。这位理学家完全遵古礼来办这件丧事。当时死者的亲人要站在灵柩之侧向灵前吊祭的客人还礼，这种风俗已流行数百年。但是程颐认为不合古礼，于是禁止司马光的儿子站在灵柩一旁还礼接待客人。他的理由是，孝子如果真孝，应当是悲痛得不能见客人才是。那天朝廷百官在太庙中的大典完毕之后，苏东坡正要带领翰林院及中书省同仁前往故相国司马光府去吊祭，程颐也有事要去，他就向大家说这违背孔子在《论语》中的话，“子于是日哭，则不歌”。因为那天早晨大家曾在太庙唱过歌，至少听过奏乐，怎么同一天还能去吊丧哭泣呢？大家到了司马府门前，小程想拦阻大家，于是大家争得面红耳赤。

程颐说："你们没念过《论语》吗？'子于是日哭，则不歌'。"

苏东坡立刻回答道："《论语》上并没说子于是日歌，则不哭。"

程颐大概没有想到苏轼会这样反问，一时不知道如何回答。这难道是两位文化与学术巨子的争论吗？让人不敢相信。但确实是。

问题就是这样，程颐"作文害道"说的背后，其实是程、苏二人和他们代表的学派的矛盾。

程颐与苏轼

我们接着上节的话题继续说。林语堂先生在《苏东坡传》中继续介绍程、苏二人这次冲突。

苏东坡十分气恼，不顾程颐的反对，率领大家进了门。每个人都站在灵柩前面行礼，在离去之前都依照习俗以袖拭目。苏东坡一看司马光的儿子没出来接待客人，问过别人，才知道程颐禁止，说是于古无征。于是苏东坡当着大家的面说道："伊川可谓糟糠鄙俚叔孙通。"大家哄堂大笑，程颐满面通红。这句评语极为恰当，可谓一针见血，入木三分。不论程颐还是苏东坡自己，对这句挖苦话，都是毕生难忘。谁也不愿一生背着这个标签，在苏东坡和二程两派之间，这粒仇恨的种子算是播下了。

不久，他们看见皇帝和太后的龙车凤辇来了，都是朱红的轮子。他们是来吊唁的，并在故相国灵前哭泣，以尽君臣之礼。

在林语堂的《苏东坡传》里，程、苏二人这次争论，就以皇帝、太后的出现作为最后裁判：他们的行为表示，在他们心目中，是日歌，不妨哭。

无疑，程颐失败了。这样叙述的效果，就是对程颐的莫大嘲讽。

关于苏轼与程颐的矛盾冲突，古书记载不少。大致说来，苏轼与程颐的性格差别很大：程颐刻板，事事循礼。当然所循的礼，是他自己理解的礼。苏轼有些游戏人生的味道。两人互相看不惯。苏轼机敏，又不拘礼法，有时调侃程颐，程颐大约受不了，两人逐渐积怨。有一部书，书名叫《宋史全文》，记载了二程的弟子朱光庭为老师不平，找机会报复苏轼的事。

朱光庭就是那位跑到汝南见程颢，回来对人说“在春风中坐了一个月”的，可以说是二程最忠实的弟子，是维护师门最坚定的弟子，被称为“洛党之魁”。他一直想寻找机会惩罚苏轼，为老师出口恶气。终于，他认为机会来了。

哲宗初年，有一次学士院要招人，那时苏轼是翰林侍读学士，由苏轼出题。他出的策问题目是：现在应该如何把握施政的宽严程度？想要效法仁宗皇帝的忠厚，担心的是太宽厚了，百官及各部门偷懒不努力工作；想要效法神宗皇帝励精发奋，严格要求，又担心督察官和州县守令不明白皇上的本意而走向刻厉以至于寡恩。应该如何把握宽严之度呢？考题还说：汉代的汉文帝是一位宽厚长者，以宽待下，但没有听说当时出现懈怠荒废行政不作为的毛病；汉宣帝注重循名核实认真督察，也没有听说当时有督察过分的过失。借鉴古人，我们应该如何做？

苏轼的题目，是让应试馆职的人各自就这一问题发表自己的看法，看谁对这问题有见地并表达到位，从中发现人才。朱光庭加以发挥，说这题目显然是攻击仁宗和神宗皇帝，是说仁宗不如汉文帝，神宗不如汉宣帝，说他们执政时各有自己的失误。朱光庭说：我认为，仁宗之深仁厚德，如天之伟大，汉文帝并不足以超过仁宗；神宗皇帝雄才大略，如神之不测，汉宣帝算不得超过神宗。现在学士院考试官不识大体，反而议论仁宗、神宗两位皇帝，说仁宗朝有偷懒的弊端，神宗朝有刻薄的问题。我请求皇帝拿出圣上的聪明果断，追究考试官的罪责。

朝廷看了朱光庭的奏折，觉得苏轼出的题目有问题，下诏追究苏轼的罪责。苏轼赶紧为自己辩解。朝廷听了苏轼的辩解，又收回了追究责任的诏书。这时朝臣中有两派，一派帮着朱光庭说话，一派替苏轼辩护。替苏轼辩解的人说：苏轼出的题目，根本就不是朱光庭解释的意思，没有贬低仁宗皇帝和神宗皇帝。“现在士大夫们都说，朱光庭与程颐关系密切，感情很好，苏轼常常开程颐的玩笑，拿程颐开涮。朱光庭这是替程颐报怨。”他们举例说：“比如神宗皇帝灵位入太庙那天，朝廷大赦天下，朝臣们都去称贺，称贺完了，官员们都要去司马光家吊唁，程颐说那天已经唱了称贺的歌，就不能再去哭祭宰相，因为《论语》上说了：子于是日哭就不再唱歌。我们怎么能刚祝贺降赦又去吊丧？当时在座的有人反驳他，说：‘孔子说哭过不再唱歌，没有说唱过歌就不哭啊？’苏轼于是后来便调侃程颐，说：‘他这是什么礼，不过是汉代那个秕糠糟粕叔孙通所制的礼。’一帮人听了都大笑。从此，程颐和苏轼就结怨了。”有的古书上就此分析说，二人结怨，苏轼有责任。

程颐、苏轼他们都是值得我们永远仰慕的人，正是众多的像他们这样的文化巨人，共同创造了中国古代文化的辉煌。但两人性格差别这么大，一个极端谨严，一个追求自适，两个人碰到一起，矛盾是不可避免的。可命运就是安排他们两人相遇了，两位文化和学术巨人相遇了，闹出了很多让人觉得不可思议的矛盾。

但是，他们之间的学术之争，发展成学派之争，发展成相互攻击和党争，确实是有害的。有人说，宋代的灭亡，就灭亡在党争。新旧党争，蜀洛党争。这好像是中国文人的一种惯性：有学术就有派，有派就分党，有党就相互攻击。

清代人说：“东汉不鉴战国之横议，南北部分而东汉亡；北宋不鉴东汉之党锢，洛蜀党分而北宋亡；南宋不鉴元祐之败，道学派盛而南宋亡……皆务彼虚名，受其实祸，决裂溃覆之后，执门户之见者，犹从而巧为之词，非公论也。”意为战国时处士横议，学派纷争。西汉时独尊儒术，但东汉时却学派纷起，有南学与北学的矛盾，结果东汉在学派纷争中灭亡了。北宋不借鉴东汉的教训，洛党蜀党，形同水火，在互相攻击中，北宋灭亡了。南宋又不借鉴北宋的教训，道学和反道学势不两立，宁宗庆元年间把朱熹之学定为伪学加以禁止，后来学禁解除，道学兴盛，南宋气数也完了……这些都是追求虚名，而使国家、社会承受实在的祸乱。学术争论是需要的，发展成党争，且发展成相互攻击，就会危害政事，危害社会。

程颐讨厌苏轼，也讨厌苏轼那样写文章的人，由此演变成两派之间的相互攻击，客观地说，不值得赞扬。

“戒慎恐惧”程夫子
“千古风流”苏学士

认识程、苏他们之间的矛盾与差异，不妨先看看他们之间的性格差异。了解了他们性格的差异，或许很多问题都能理解了。

程颐时时用“戒慎恐惧”四个字提醒自己和弟子，即使一个人坐在空房子里，也一定正襟危坐，绝不会放松自己。《近思录》卷四有程颐这样一段话：

> **问：人之燕居，形体怠惰，心不慢，可否？曰：安有箕踞而心不慢者？昔吕与叔六月中来缑氏，闲居中某尝窥之，必见其俨然危坐，可谓敦笃矣。**

有人问：人在闲居的时候，身体懒散，但心不怠慢，可以吗？程颐说：哪里有伸着两条腿坐着心却不怠慢的呢？过去吕大临在炎热的六月来缑氏，闲居中我曾经悄悄看他，每次都见他庄重地端端正正地坐着，可称得上是厚实笃诚了。《近思录》有程颐写的一篇《四箴》，是把“非礼勿视，非礼勿听，非礼勿言，非礼勿动”当作箴言，时时自警。

对比来看苏轼如何潇洒度日。他在黄州写过《黄泥坂词》，可见他如何生活："朝嬉黄泥之白云兮，暮宿雪堂之青烟。喜鱼鸟之莫余惊兮，幸樵苏之我嫚。初被酒以行歌兮，忽放杖而醉偃。草为茵而块为枕兮，穆华堂之清宴。纷坠露之湿衣兮，升素月之团团。感父老之呼觉兮，恐牛羊之予践。于是蹶然而起，起而歌曰：月明兮星稀……"还有他在黄州写的那首著名的《临江仙》词："夜饮东坡醒复醉，归来仿佛三更。家童鼻息已雷鸣。敲门都不应，倚杖听江声。　　长恨此身非我有，何时忘却营营。夜阑风静縠纹平。小舟从此逝，江海寄余生。"

叶梦得的《避暑录话》里还记载了苏轼这首词引起误会，说苏轼与数客饮江上，夜归，江面际天，风露浩然，使得他兴致勃发，乃作一首词，所谓"夜阑风静縠纹平，小舟从此逝，江海寄余生"者，与客人高唱几遍，然后就各自回去睡觉了。第二天，风传苏轼夜里作了这首词，把官服挂在江边，乘小船长啸而去。当时黄州长官听说后，是又惊又怕。苏轼被编管在黄州，他是要负责的，如果苏轼跑了，他就没法向朝廷交代。于是急急忙忙备车去看苏轼，结果到了苏轼的住处，苏轼酒醉未醒，鼾声如雷。这话还传到东京，神宗听说了，也半信半疑。

苏轼喜欢热闹，又是一代大才，他的理想，就是做"千古风流人物"，他那气吞山河的《赤壁怀古》词，横空而起："大江东去，浪淘尽，千古风流人物。"道出了他的人格理想。这"风流人物"，要具备英雄气概、儒雅风度、儿女温情。苏轼到哪里，地方官都会设宴款待，诗酒妓乐，风流而不失儒雅。苏门文人黄庭坚更有一个爱好，就是在歌妓的裙子上题词。这在程颐这些理学家看来，简直是不可接受、不能容忍的。

宋代文人儒雅风流，文人时时集会，集会中诗酒妓乐不可少。古人说，妓女是"席上不可无，家中不可有"，如果有人把妓女娶作小妾，非把家里闹得鸡飞狗跳不可；宴会上如果没有歌妓助兴，那就没了兴致。

但程颐却见不得酒席上有妓女。二程当年曾受范仲淹赏识，所以，二程兄弟与范仲淹的两个儿子范纯仁、范纯礼都交往密切。有两个关于程颐这方面的故事，恰好也与范氏兄弟有关。有一段时间，范纯礼住在许昌。当时守许昌的韩维，是范仲淹同朝宰相韩琦的儿子，一位风流雅士。

有一天，韩维在郡亭置宴张乐，大会诸公。范纯礼因为有事没能去，程颐听说宴会上有妓女，就不参加。韩维写了一首诗寄给他们两人："闭门读《易》程夫子，宴坐烧香范使君。顾我未能忘外乐，绿尊红妓对朝曛。"意为你们一个是闭门读《易》心静如水的程老夫子，一个是清肃雅静中安闲稳坐焚香静心的范使君。只是我韩维不能忘怀世俗之乐，从早上到傍晚，在醇酒歌妓中消磨。

还有一次，诗酒妓乐之会，程颐去了，但弄得不愉快。这回的召集人是范仲淹的另一个儿子范纯仁，他那时做西京留守，宋代的西京是洛阳，正是二程的家乡。范纯仁有个学生叫游师雄，到陕西去做官，上任途中路过洛阳，就来看望自己的老师。游师雄在洛阳住了几天，告别那天，范纯仁在郊外设宴为他饯行，请了程颐参加，但一时疏忽，忘记了程颐忌讳妓女的事，招来了妓女。等范纯仁想起这回事时，客人和妓女都来了，也来不及回避。程颐年长，并且做过皇帝的侍讲，游师雄慌忙请程颐上座。还好，程颐并没有拂袖而去，也没有推辞，直接上座了。范纯仁暂时松了口气。

酒过数巡，气氛也好，游师雄早把程颐的忌讳给忘记了，就向范纯仁请告说："这几位歌妓远道而来，挺辛苦的。我希望敬她们每人一杯酒。"也没等范纯仁回答，拿着酒杯就挨个给妓女敬酒去了。程颐一看，老大不高兴。范纯仁见了程颐的脸色，又惶恐起来。等游师雄敬完酒，程颐厉声说："游大人，我希望您能够像爱妓女一样爱陕西的老百姓！"气氛马上紧张起来，弄不好一场欢宴将不欢而散。好在游师雄还比较从容，没有乱了阵脚，手里拿着酒杯，很从容地用陕西方音说："回禀侍讲大人，我游某只有这一勺酒哩。"这一来，程颐也不觉从鼻子里笑了出来。还算不尴尬，范纯仁这才放了心。

程颐的性格就是这样。哲宗即位年幼，他做了个崇政殿说书的官，给小皇帝上课，也就是人们称他的侍讲大人。别人做这官职，一定想法把小皇帝侍候好，弄得小皇帝高兴，等小皇帝亲政，一般来说这老师就是宰相了。可程颐不会这么做，总是在小皇帝面前端起老师的架子，而且还常常教训小皇帝。弄得小皇帝看见这老师就害怕。有一次上完课还没有退下，忽然小皇帝起身到栏杆旁折了一根柳枝玩，按说这不能算什么错，程颐马上说："现在正当春天万物发育生长之时，不能够这样无故摧折生物。"把小皇帝弄得老大没趣。这样的老师，皇帝敢让他一直当下去吗？不久，就找机会把他打发了。

这就是理学宗师程颐。由此你可以推想到他的很多东西，包括他的学术。了解这些，对读《近思录》很有帮助。

五

《近思录》推出的成语

程颢像（据明崇祯刻本《圣贤像赞》）

《近思录》从南宋末历元、明、清，在这六七百年中，一直是一部流行书。

因为书流行，书中比较精粹的词语，也就流行起来，有的逐渐成了中国语言中的成语。

这里讲《近思录》推出的成语，大致限定在这些话最早是周敦颐、张载、程颢、程颐说的，或者是他们同时代的人评价他们四人的语言，第一出处当然不是《近思录》，因为《近思录》是辑录他们四人的语录，但《近思录》是直接从他们那里辑录来的，由于他们自己的著作没有《近思录》流行，古代大众接触这些词语，更多的是通过《近思录》，所以说是《近思录》推出的成语。

我把这些成语分成几组：

第一组有光风霁月，和风庆云，一团和气，从容不迫；

第二组有廓然大公，真实无妄，民胞物与；

第三组有如坐春风，程门立雪；

第四组有阿谀逢迎，醉生梦死，有则改之，无则加勉；

第五组有麻木不仁，枯木死灰，谈虎色变；

第六组有亭亭当当，彻上彻下，鞭辟近里。

共六组，每组二到四个成语不等，共选十八条成语。这些成语都源自周、张、二程，或当时人评价他们的语言，由于入选《近思录》而流行，而成为成语。

《近思录》对中国语言的贡献，实在不小。何况其贡献远不止这些。

光风霁月　和风庆云
一团和气　从容不迫

光风霁月

这是当时人黄庭坚评价周敦颐的话，他给周敦颐的诗写序，说“舂陵周茂叔，人品甚高，胸中洒落，如光风霁月”。

“光风霁月”本意是雨过天晴时的明净景象，比喻人的胸怀光明磊落。周敦颐死后，潘兴嗣给他写墓志铭，也有大致相同的评价：“周茂叔胸中洒落，如光风霁月。其为政精密严恕，务尽道理。”元代人修《宋史》，就把这话写到周敦颐的本传里了。

朱熹编《近思录》，把墓志铭和《宋史》中的这个话编进来，用以描述周敦颐的精神气象。另外，人们把周敦颐濂溪书堂也命名为“光风霁月亭”，朱熹还为此亭写了一篇文章。朱熹写周敦颐的像赞，说“风月无边，庭草交翠”，风月无边也从此来。以后，人们说到周敦颐，就用“光风霁月”代表他的大贤气象。“光风霁月”有时也写成“霁月光风”，元朝延祐六年，给周敦颐加封了“道国公”的谥号，加封的诏书写道：“霁月光风，想清规之如在。”

“光风霁月”“霁月光风”成为成语流行后，当然就不专指周敦颐了，凡说人磊落开朗，都可以用。人们最熟悉的，应该是《红楼梦十二支曲·乐中悲》中写史湘云：“幸生来，英豪阔大宽宏量，从未将儿女私情略萦心上。好一似，霁月光风耀玉堂。”

和风庆云

和风就是温和的风。三国魏阮籍《咏怀》诗之一：“和风容与，明日映天。”温和的风轻柔地吹着，明媚的阳光映着明净的天空。明刘基有诗写道：“春雨和风细细来。”

庆云就是吉庆之云，《汉书·天文志》上说：“若烟非烟，若云非云，郁郁纷纷，萧萧轮囷，是谓庆云。庆云见，喜气也。”晋代陆机的弟弟陆云向朝廷推荐人才，说当时广开人才晋升之门，网罗天下人才，因而一派吉祥之气：“方今太清辟宇，四门启钥。玄纲括地，天网广罗。庆云兴以招龙，和风起而仪凤。”

庆云和风，和风庆云，说天地气象，也用来描述人的气象。程颢这样形容孔子、颜回、孟子三人的不同气象：“仲尼，元气也；颜子，春生也；孟子并秋杀尽见。仲尼无所不包，颜子示‘不违，如愚’之学于后世，有自然之和气，不言而化者也。孟子则露其才，盖亦时焉而已。仲尼，天地也；颜子，和风庆云也；孟子，泰山岩岩之气象也。观其言皆可见之矣。仲尼无迹，颜子微有迹，孟子其迹著。孔子尽是明快人，颜子尽岂弟，孟子尽雄辩。”

这段话原在《二程遗书》，朱熹将它编入《近思录》。元气就是天地未分前的混沌之气。春生是指春天生物气象。秋杀则是指秋天萧飒之气。孟子批杨、墨，好辩，厉声色。孔子是元气，颜回是春，孟子是秋。近代有位理学家张伯行这样解释：“夫子阴阳合德，不刚不柔，太和充满，众理渊涵，如一元之气，浑沦溥博，自然而然，无二无间，此圣不可知者也。颜子则亚圣之资，盎若春阳，蔼若春风，万物发荣滋润，到处皆有生意。”“孟子亦亚圣之才，而有刚明果毅整齐严肃之意”，“所谓并秋杀尽见者”。“元气贯通四时，则无所不包，此仲尼之道全德备，非一善可名者也。春意发生，则有自然之和气，此颜子之‘不违，如愚’，与圣人合德，令后世可以想见，默而成之，不言而信者也。秋爽气清，高旷轩朗，此孟子之英气发越，为露其才，盖亦战国之时，异端滋炽，又无夫子主盟其上，故其卫道之严，距邪之力，不得不然者也。”

“和风庆云”后来常用，有时指天，有时指人，有时既指天也指人。如明代陈继儒说：“青天白日，和风庆云，不特人多喜色，即鸟鹊且有好音。若暴风怒雨，疾雷闪电，鸟亦投林，人亦闭户；乖戾之感，至于此乎？故君子以太和元气为主。”说天也是说人。

一团和气

“和气”原本指天地间阴阳二气交合以生成万物之气，如《老子》说的：“万物负阴而抱阳，冲气以为和。”唐代诗人刘商有《金井歌》说：“文明化合天地清，和气氤氲孕至灵。”引申指能导致吉利的祥瑞之气。

朱熹说：“自古救荒只有两说：第一是感召和气，以致丰穰；其次只有储蓄之计。”在人则指人温和的气度，《礼记》上说：“有和气者必有愉色。”现在说是和颜悦色。程颢的弟子谢良佐描述程颢之气象说：“明道先生坐如泥塑人，接人则浑是一团和气。”说程颢先生坐着安详稳静就像一个泥塑的人，对待人则全然是一团和气。这话原在《二程外书》，被朱熹编进了《近思录》。

程颢大约显得特别和蔼，和蔼得让人感化。宋代施德操曾记录了这样一回事，说王安石跟大家争论关于推行新法的事：“新法之变，议者纷然。伯淳（即程颢）见介甫（即王安石），介甫闻伯淳至，盛怒以待之。伯淳既见，和气蔼然见眉宇间，即笑谓介甫曰：‘今日诸公所争皆非私，实天下事，求相公少霁威色，且容大家商量。管子云：下令如流水之源，令顺民心也。管子犹知尔，况乃相公高明乎？何苦作逆人事？’介甫为伯淳所薰，不觉心醉。”

一团和气后来还用来指人与人之间以及社会的和谐。传说明朝成化帝宪宗朱见深登基不久曾绘制了一幅《一团和气图》，还附《御制一团和气图赞》一首，现保存在故宫博物院。成化元年六月初一应是成化帝即位一年半左右。出于对群臣万众一心的期望，他绘《一团和气图》并制《一团和气图赞》，期望朝政安定团结。据说画的是陶渊明、陆修静与惠远法师三人。

《一团和气图赞》说："朕闻晋陶渊明乃儒门之秀，陆修静亦隐居学道之良，而惠远法师则释氏之翘楚者也。法师居庐山，送客不过虎溪。一日，陶、陆二人访之，与语道合，不觉送过虎溪，因相与大笑，世传为三笑图，此岂非一团和气所自邪？"

这幅图，初看是一个人，细看却是三个人，三人一体，一团和气。

从容不迫

说人不慌不忙，沉着镇静。特别是遇到大事或紧急情况，从容镇定，更加重要。

宋以前，"从容"一词已经用得很普遍，用来描写人和物的悠闲舒缓，不慌不忙。《尚书》里就有"宽而有制，从容以和"的话，《庄子·秋水》："鯈鱼出游从容，是鱼之乐也。"汉司马相如《长门赋》："下兰台而周览兮，步从容于深宫。"北魏杨衒之《洛阳伽蓝记》说北魏的义阳王元略"从容闲雅，本自天资"等。

程颢的弟子吕大临，在程颢死后，写了一篇哀悼程颢的文章，叫作"哀词"，其中说："其养之成也，和气充浃，见于声容，然望之崇深，不可慢也；遇事优为，从容不迫，然诚心恳恻，弗之措也。"意思是说："他的德行养成了，太和之气充盈透彻，表现于声音容貌，使人望见其崇高渊深，无法轻慢，遇事当为而为，从容不迫，然而其至诚之心诚恳深切，做不好是决不放弃的。"这篇文章原在

《二程遗书》的附录里，朱熹把它编入了《近思录》。

因为“从容不迫”现在用得太多，不需要多说。但“从容不迫”也有其他的意思，比如古人讲如何作诗，说到排律（一般的律诗是八句，超过八句就叫排律，也叫长律）时这样写道：“作排律，其要有四：一贵铺叙得体，先后不乱；二贵对仗整肃，情景分明；三贵过渡明白，不令人沈思回顾；四贵气象宽大，从容不迫。斯为得体。”

廓然大公　真实无妄　民胞物与

廓然大公

“廓然大公”是程颢发明的一个词语。

“大公”好理解，就是公到极处，最大的公，没有丝毫的私。汉代刘向《说苑》有《至公》一篇，说：“古有行大公者，帝尧是也。”帝尧推行大公于天下。“廓然”呢？廓就是大，廓然就是阔大的，广远的，就像空阔的天空，没有一丝云，一望无际，那就是廓然。元代诗人陆仁写的《天马歌》有这样的句子：“日月同明天地廓，绝域穷陲归版籍。”天无限地廓，地空前地广。陶渊明祭祀他的一个叔伯弟弟，说他死后“庭树如故，斋宇廓然”，即房子里空空荡荡没有人。人的精神虚静，也可以说廓然，古书《文子》说人之精诚：“静漠恬淡，悦穆胸中，廓然无形，寂然无声。”

程颢用“廓然大公”表示人心之大，大到“无外”，没有任何事物在我“心”之外，这样就可以使自己心“定”而不乱，他说，要得自己心“定”，“莫若廓然而大公，物来而顺应”。达到这样的境界和状态，人就没有了“内心”和“外物”的区别。假如你老是记得自己的内心与外物的区别，总希望自己内心安定，讨厌外物对内心的干扰，那这干扰永远不可能消除，你的心也永远安定不下来，“与其非外而是内，不若内外之两忘也。两忘则澄然无事矣。无事则定，定则明，明则尚何应物之为累哉！圣人之喜，以物之当喜；圣人之怒，以物之当怒。是圣人之喜怒不系于心而系于物也”。与其否定外物肯定内心，不如内外两忘的好。内外两忘就能做到澄然无事。澄然无事就能定，心定就明，心明了当应物时还会受什么连累呢？圣人的欣悦，是因为遇到的事物应该喜悦；圣人的愤怒，是因为遇到的事物应该愤怒。这就是说圣人的喜怒不取决于他的内心而取决于他遇到的事物。这是程颢写给张载的一封信，原在《二程文集》里，朱熹将它编进了《近思录》。

以后，“廓然大公”就成了比较常用的词语。朱熹给皇帝上奏札，说：“人君察于此理，而不敢以一毫私意凿于其间，则其心廓然大公，俨然至正，泰然行其所无事，而坐收百官众职之成功。”邓拓《燕山夜话》中《广阳学派》一篇，介绍清初学者刘献廷，引王源为刘献廷写的墓表，说刘献廷少年时，“读书每竟夜不卧，父母禁不与膏火，则燃香代之。因眇一目，又折其左肱，落落摄蔽衣冠，踯躅风尘中，人无敢易之者。盖其心廓然大公，以天下为己任”。

有意思的是，北京圆明园里有一处建筑，名叫“廓然大公”，原来叫作双鹤斋，是圆明园最早的建筑之一，建成于康熙末，乾隆四年定名为“廓然大公”。可见“廓然大公”在中国古代是一个使用较多的成语。

真实无妄

这是理学家解释什么叫“诚”时创造的一个成语。

“诚”是传统儒学和宋代理学一个非常重要的观念，但什么是“诚”，宋以前人没有恰当的解说。以“无妄”解释诚，取自《周易》，《周易》有一卦名叫《无妄》。程颐解释这一卦时说：“无妄者，至诚也。至诚者，天之道也。天之化育万物，生生不穷，各正其性命，乃无妄也。人能合无妄之道，则所谓与天地合其德也。”以“无妄”解诚，是程颐的贡献，元代胡炳文说：“诚未易言，存诚未易能。汉儒无有能识此字者。……子程子始曰‘无妄’，子朱子又加以‘真实’二字，诚之说始定。”

在理学家那里“诚”和“真实无妄”都有特定的解释，和我们一般的理解不完全相同，这里就不多说了。

后来，理学家和普通人都用“真实无妄”这一词语。曾国藩这样体会真实无妄：人必心中虚静，不着一物，而后能真实无妄。实就是不欺的意思。人之所以欺骗别人，一定是心里另外有一个东西，心里另有私的想法，不敢告诉别人，然后编造了个假话去欺骗别人。如果心里没有不能公开的东西，又何必欺骗别人呢？他所以自欺，也是自己心里另外装着个私的东西。比如说，按理性说在好德，而私下里却在好色。不能去除好色之私，那就不能不欺骗其好德的理智。所以诚，就是不欺。不欺，就是心里不放着任何东西。比如当读书时就读书，心里不放着见客的事；当见客就见客，心里不放着读书的事。一放着别的事，就是有私。心境澄明不放着别的事，物来顺应，事情没有来时不预先放在心里；事情来了，一心都在这事上，不掺杂其他的事；事情过去了，心也不留在那事上，这就是虚，这就是诚。

民胞物与

这一组三个成语，人们最熟悉的是“民胞物与”。这是张载创造的一个词语，出自他著名的《西铭》，原文说：“民，吾同胞；物，吾与也。”他说，上天是我们共同的父亲，大地是我们共同的母亲。天下所有的人都是天地父母的孩子，所以都是兄弟姐妹；世上一切的事物，都如同我的朋友。

《西铭》是张载的著作《正蒙》中《乾称篇》的第一段。张载曾将《乾称篇》首段和末段分别录出，贴在东西两窗上作为自己的座右铭。首段题作《订顽》，末段题作《砭愚》。程颐赏识这两篇文字，但以为《订顽》《砭愚》这样的名字容易让有些人听了不愉快，引起争论，就改《订顽》为《西铭》，改《砭愚》为《东铭》。朱熹将《西铭》从《乾称篇》分出，另作注释，成为独立一篇。

《西铭》后来成为理学极其重要的文献。"民胞物与"一词，在古代用得很广泛。宋代刘克庄《后村诗话》评"筑场怜蚁穴，拾穗许村童"两句诗说："可见民胞物与之意。"明人徐渭《义冢募文》号召大家以同情怜悯之心，出钱建立义冢，埋葬那些无主尸骨，说："坐观蚁穿鸟啄之惨，竟何民胞物与之仁？"

如坐春风　程门立雪

如坐春风

这是程颢的弟子朱光庭描述他见到程颢后的心理感觉。

朱光庭原来从胡瑗学。胡瑗那时已经是很著名的学者，程颐还在太学读书时，胡瑗就是教官了，程颐那篇著名的《颜子所好何学论》，就是胡瑗出的作文题，程颐写得好，胡瑗发现了他。朱光庭后来又从二程学。

此前，程颢在现在的山西晋城做县令，那时吕公著做了御史中丞，就推荐程颢入朝做监察御史里行，也就是在试用期的监察官。那时赶上王安石要变法，神宗很信任王安石。程颢因经常和王安石发生意见分歧，便要求离开朝廷，去地方上做官。于是朝廷让他去洛阳做京西提点刑狱，他又上书辞职，朝廷就重新任命他做扶沟县知县。在扶沟发生了监狱里囚徒逃跑的事，他被追责贬官为监汝州酒税。

就在这时，朱光庭去拜见他。《二程外书》里记载了程颢另一个弟子侯仲良的话：朱光庭到汝州去见程颢先生，回来后对人说："我朱光庭和程先生相处一个月，那简直就是在春风中坐了一个月。"朱熹把这个话编入了《近思录》。

这里有些应该特别提出来说的话：朱光庭去拜见程颢，正是程颢倒霉的时候，在朱光庭心目中，只知道程颢的人品学问可敬，其他的都不在他的考虑之中。这是可贵的。程颢虽然在官场连续遭受挫折，但一点儿也没有改变他的乐观，还是如春风一样和悦，在任何时候，都不改其乐。这是很可敬的。同时让我们想到，他自己当年跟随周敦颐学习，周敦颐让他思考的一个问题：孔子和颜回在极端贫穷和困难的处境中不改其乐，所乐何事，即所谓“孔颜乐处”。可见他是有心得的。

“如坐春风”后来用得很多，经常被人用来表示与长者相处，对方乐易达观又宽厚平易的人格气象给自己带来的那种愉悦享受和心灵感动。

比如南宋人阳枋，做官不如意，常常想辞官。他见到一位年长者，大概两人比较投缘，就写信给这位年长者说：“知有赏音，何妨冷宦。居然深雪里，如坐春风中。”元代的胡炳文给大学者陈栎写信说：“自体仁堂相与问答后，不贡起居问者余两载。暨明经小试，乃沐书教，留之几格，每一展玩，如坐春风中，喜可知也。”意思是说：从在体仁堂向先生请教之后，已经有两年没有问候先生了。在我参加明经考试时，得到了您给我的信。我把您的信放在书柜里，每次拿出来阅读赏玩，就像坐在春风里一样，心中的喜悦，可想而知。

程门立雪

在程门立雪之前，佛教还流传一个立雪的故事，就是禅宗二祖慧可为向达摩求法而彻夜坚立大雪中，及晓，积雪过膝，师甚感动。这故事流传很广。后来，“立雪”就成为僧人精诚求法之典故。

“程门立雪”故事和“如坐春风”一样，也是侯仲良叙述的程门从师故事，《二程外书》里记载侯仲良的话说：“游、杨初见伊川，伊川瞑目而坐，二子侍立。既觉，顾谓曰：‘贤辈尚在此乎？日既晚，且休矣。’及出门，门外之雪深一尺。”游是游酢，杨是杨时，两人原本师从程颢，程颢死，转而师从程颐。“初见”并不是第一次见到程颐，而是第一次去拜师。

二程之门有四大弟子：游酢、杨时、吕大临、谢良佐。游酢、杨时第一次来拜见程颐，程颐用这种方式给他俩上了第一课：程颐闭目而坐，他俩恭恭敬敬在旁边站着。等程颐醒来，看见他们俩，说：“你们还在这里呀？天已经晚了，今天就算了。”等他们二人出门，才发现门外下雪，雪已经一尺深了。

这段文字既编入《近思录》，又写进了《宋史·杨时传》，影响很大。“程门立雪”不仅是一个常用的成语，也是诗文常用的典故，明人李东阳就有诗说：“莫倚家风比谢王，正须立雪似游杨。”意为不要靠显赫的门第，要有游酢、杨时那样求师的诚恳、求学的执着。

“如坐春风”“程门立雪”是一对孪生成语，同一出处，同样是二程的弟子叙述的从师故事，分别描述大程子和小程子的师德风范。有意思的是，弟子在两位大师身边，一是坐，一是立；一个如春风，一个有冬雪。坐和立，春风和冬雪，恰好可以作为两人作风和气象的象征。朱熹的弟子叶采说：“明道接人和粹，伊川师道尊严，皆盛德所形，但气质成就有不同耳。明道似颜子，伊川似孟子。”“程门立雪”典故流传很广，常被用作学生尊师敬师之典范，其中表彰的，主要是学生求师求教之心的真诚。

阿谀逢迎　醉生梦死
有则改之，无则加勉

阿谀逢迎

“阿谀逢迎”也有写作“阿谀奉承”的，意思没有什么不同，但原始出处是“阿谀逢迎”。

“阿谀”和“逢迎”，都是指用曲从、顺从他人，去讨好、取悦他人，两者又不同，“阿谀”是语言方面的事，“阿”是曲从、迎合的意思，比如说一个人正直，就说他刚正不阿。“谀”则是迎合别人的心意，说些谄媚讨好的话。宋代吴曾的《能改斋漫录》上说：“而世之小人，方以阿谀为保身之良策。”曹禺《北京人》说：“不屑于学习那谄媚阿谀的妾妇之道来换取婆婆的欢心。”

“逢迎”是行为的事，有人来了，他巴巴地跑去迎接，卑躬屈膝地讨好别人，那就叫“逢迎”，由于跑着迎接有讨好的意思，所以逢迎慢慢就有了奉承人的意思。宋代罗大经的《鹤林玉露》上说，秦桧的父亲“尝为静江府古县令，守帅胡舜陟欲为桧父立祠于县，以为逢迎计”，就是巴结、讨好的意思。

把“阿谀逢迎”作为一个词语用的是程颐。是他解释《周易》的比卦时使用的。

比卦中的“比”，有亲附的意思，也可以说让别人亲附自己。

因为亲附是双方的事，你要人家亲附你，你应该去亲附人家。程颐说：君主们使天下人亲附的方法，应该明确显示他亲附之意于天下。如以诚意对待外物，以宽恕之意推己及人，施行仁政，使天下人受其恩泽，这就是人君使天下亲附的方法。又说：不仅人君亲附天下应该如此，人与人之间相互亲附莫不如此。以臣下对于国君而言，竭尽其忠诚，贡献其才力，乃是显示其亲附君上之道呀。任用或是不用，在君上而已，不可阿谀逢迎，求得君主亲任自己。在朋友之间也是这样，修身诚意以待来者，至于亲附与否，则在于他人，不可花言巧语做出讨好人的姿态，曲从苟合，去求得别人亲附自己，对于乡里亲戚，对于普通的人，全都如此。

程颐的话原在他解释《周易》的著作《程氏易传》中，朱熹将之编入了《近思录》。

“阿谀逢迎”作为成语流行以后，就不再区分语言讨好和行为的趋附，而主要指一个人在精神上缺乏人格，丧失自我迎合别人。这一成语现在用得比较普遍，不用再举例子。

醉生梦死

是说一个人像在醉梦中那样昏昏沉沉度日，活得不明白，糊里糊涂。

这一成语出自程颐为他哥哥程颢写的传记性文章《明道先生行状》，原在《二程文集》中，被编入了《近思录》。

在这篇文章中，程颐转述程颢的话说：“大道之所以不能明于天下，是由于异端之学妨害了它。过去危害圣学的杨墨申韩之类学说粗浅而容易看出其荒谬，今日害道的佛老之学深远而难以明辨。过去的异端之学迷惑人是利用人的迷暗，今天的异说侵入人心却是利用人的高明。佛家自称能通达天地的玄妙，而其实不能有为于天下。佛家称他们的学说包括一切无不周详，其实他们是丢弃了人类伦常之理。佛家自认为其穷尽深奥之理、探极幽微之处，而玄怪深僻恰恰不能达于尧舜坦荡平易的大道。天下的学问，若不是浅陋而不通达，就必然跑到佛教那里去。自从圣人之道不得明于天下，邪诞妖异之说便竞相兴起，堵塞了人民的耳目，使天下沉陷在污泥浊水之中。即使有高明才智之士，局限于耳目的见闻，醉生梦死，而不自觉其不明理的迷惑。这些都是正路上的荒草秽木，堵塞圣学之门的障碍，必须开辟出路径才能进入大道。”

这一成语在古代已经很流行，在元代大戏曲家马致远的杂剧《岳阳楼》中，吕洞宾自述说：“有人说道，你这等醉生梦死的，那神仙大道，却怎生得来？”元初有位文人叫刘壎，他的《隐居通议》一书里记录了一个叫谢雨的人写的一首讽刺误国宰相贾似道的诗：“杜鹃呼我我归休，陆有轻车水有舟。笑杀西湖湖上客，醉生梦死恋杭州。”大意是：杜鹃鸟叫着“不如归去、不如归去”，我就归隐到山间林下去了，陆路乘车，水路登舟。可笑西湖上那些求取富贵功名的人太糊涂了，醉生梦死留恋着这个杭州。他把这诗写在了西湖上，贾似道住在这里，怀疑这诗是讽刺自己，就暗地里派人谋害谢雨，谢雨知道后赶紧逃跑了。

有则改之，无则加勉

这话是程颐解释《周易》蹇卦时说的。

《周易》上说，“蹇”就是艰险的意思。君子遇到艰险应该如何呢？不是怨天尤人，而是要“反身修德”，反躬自省，看是不是自己有什么问题招致了艰险。

程颐对此加以发挥，说：“君子之遇艰阻，必思自省于身，有失而致之乎？有所未善则改之，无歉于心则加勉，乃自修其德也。”君子遇到艰难险阻的时候，一定要思考反省自身，是由于自己有过失而招致了艰难吗？如果自己有做得不好的就改正，如果无愧于心就勉励自己去做得更好，这样来自我修养品德。

后来朱熹《四书集注》中解释《论语》中“吾日三省吾身”这句话时，把程颐的意思再加概括，成了现在说的“有则改之，无则加勉”。

这个成语用得也不少，《明实录》记载明英宗对臣下说：“如或受谄谀，纳侵润，则贤受抑，不肖者得志，孰与成功？尔等有则改之，无则加勉。”意为：如果有的人喜欢人家奉承，接受贿赂，那么贤人就会受到压抑，无德无能不正派走邪门歪道的人就得志，谁还跟我们同心协力成就大业呢？你们如果有这些问题就改正，没有呢，就更加勉励自己。

麻木不仁　枯木死灰　谈虎色变

麻木不仁

这原本是一个医学方面的词语，“麻木”很容易理解，“不仁”不是我们理解的没有仁爱之心，冷漠甚至残酷，而是指人的皮肤没有感觉，古人说：“不仁者，皮顽不知有无也。”

明代薛己有部书叫《薛氏医案》，里边说，如果病毒进入了人的心脏，那么“一日皮死麻木不仁，二日肉死针刺不痛，三日血死烂溃，四日筋死指脱，五日骨死鼻柱坏”。程颢借这个词语讲一些人缺乏仁心，对他人、对外物没有感情。他说：“医书言手足痿痹为不仁。此言最善名状。仁者以天地万物为一体，莫非己也。认得为己，何所不至？若不有诸己，自不与己相干。如手足不仁，气已不贯，皆不属己。故‘博施济众’，乃圣之功用。”这段话大意是说：医书上称人的手足筋肉萎缩枯死为不仁，这话是对不仁的最好形容。仁德的人把天地万物看作一体，没有一物不属于自身。把万物看作自身，还有什么仁爱之事做不到呢？如果不属于自身，自然与自己无关。就像手足不仁之病，气脉已经不贯通了，就都不属于自身的一部分了。所以孔子说“博施济众”，乃是圣德之功用。

程颢这话在《二程遗书》里，后被编入了《近思录》。“麻木不仁”成了一个成语，它原来的意思不大被人注意了，冷漠不关心他人，人与人之间隔膜没有感情的意思被普遍接受和使用，如闻一多说有些人：“没有同情，没有热爱，是麻木不仁？还是忘恩负义？”

枯木死灰

“枯木死灰”，有时也做“槁木死灰”，是二程批评佛、道所使用的词语。

按照二程、朱熹的理解，理学与佛、道的区别有很多，其中之一，就是理学是“活泼泼”的学问，理学家也应该“活泼泼”的，不能像佛、道二教那样，形如枯木，心如死灰。

程颢说，佛道二教，“要得虚静，其极欲得如槁木死灰。又却不是。盖人，活物也，又安得为槁木死灰？既活，则须有动作，须有思虑，必欲为槁木死灰，除是死也。‘忠信所以进德’者何也？闲邪则诚自存，诚存，斯为忠信也。如何是闲邪？非礼而勿视、听、言、动，邪斯闲矣。以此言之，又几时要身如枯木、心如死灰斯为忠信也？”意思是：佛、道要使心保持虚静，静到极致，就是身如枯木、身如死灰。他们这样又不对了。因为人是活的，活的人又怎么能是槁木死灰呢？人既然是活的，就得有思虑。一定要为槁木死灰，那除非是死。儒家说的“通过忠信的积累来提高自己的德行”是怎么回事呢？那方法就是防止了邪僻的念头诚意自然就保持了。诚意保持了，这就是忠信。如何防止邪僻的念头呢？坚持做到孔子说的非礼勿视、非礼勿听、非礼勿言、非礼勿动，邪僻的念头就防止住了。如此说来，又什么时候需要人身如枯木、心如死灰才算是忠信呢？

程颐也说：佛教的人不懂得“生生之谓易”的道理，“去他身上起意思，奈何那身不得，故却厌恶，要得去尽根尘。为心源不定，故要得如枯木死灰。然没此理，要有此理，除是死也”。不知道“生生之谓易”，就在他身体上去动心思，又拿这身体无可奈何，所以就厌恶躯体，想要去尽六根六尘，而后归于清净。又因为心源不定，所以要使这心如枯木死灰无息无动。然而既有身有心，就绝无静定如枯木死灰的道理，要有此道理，除非是人死去。

“枯木”和“死灰”其实出自《庄子》：“形固可使如槁木，而心固可使如死灰乎？”后以“枯木死灰”形容心不为外物所动。

宋代有一部记载宋徽宗时期朝廷藏画的书叫《宣和画谱》，里边说到佛像的特点时用到了“枯木死灰”：“大抵释氏貌像多作慈悲相，趺坐即结跏，垂臂则袒肉，目不高视，首不轩举，淡然如枯木死灰。”

谈虎色变

理学强调，人对于圣人之道，“知必真知，行必力行”。那么真知与不真知有什么不同呢？程颢和程颐都拿人怕虎的故事做过例子，说真被虎伤过的人和一般知道虎会伤人的人，听人们谈到虎，那感觉和神色是不同的，真被虎伤过，那才真知道虎的厉害。

程颢说：“真知与常知异。常见一田夫曾被虎伤，有人说虎伤人，众莫不惊，独田夫色动异于众。若虎能伤人，虽三尺童子莫不知之，然未尝真知。真知须如田夫乃是。故人知不善而犹为不善，是亦未尝真知。若真知，决不为矣。”

程颐也讲了类似的话，大意是说：实在的明理，就是说他实实在在地认识到什么是对的，什么是不对的。大凡心中明白了实在的理就自然不同。如果道理只是耳朵听听嘴里说说，那他心里实在并不明理。如果明白，必然不肯安处所不应安处之地。同是一人一身，这件事他不肯做，及至遇到另外类似的事又不坚持。比如士人，即使杀了他，让他去干穿墙为盗的事他都肯定不干，其他有类似性质的事却未必如此。至于求学读书的人，没有哪一个不懂得讲礼说义。又如王公大人，都能说官位呀富贵荣耀呀都是身外之物，但等到实际面对利害选择时，就不知道要选择义理，却选择了富贵。像这样的人只是嘴上能说，不是真正明白。当你让人们跳到水里火里时，则人人都知道躲避，这是他们实在懂得水火不可蹈的道理。有“看到不好的东西躲避它就像手伸到开水里赶紧抽出来一样”的心，自然就不同了。尽管说三尺童子都知道老虎可怕，但到底不像曾经被虎伤过的人神色那样恐惧，非常实在地害怕。过去曾经被虎伤过的人，他是真的明白虎的可怕。

宋元之际的文人王炎午一个朋友的母亲去世了，他写信安慰朋友，说到两人当年都曾带着母亲躲避战乱，说：我过去也曾带着母亲逃避，我的母亲常常害怕死在他乡神魂不能返回故乡。假如当时遭遇不幸，也一定要把母亲带回家乡安葬。说到这些，他自己说是“谈虎色变，笔泪俱落”。往年经历的哀伤和恐惧袭上心来，落笔写信时，泪也一起落下了。

亭亭当当　彻上彻下　鞭辟近里

亭亭当当、彻上彻下、鞭辟近里这几个词，都是二程讲学的用语，都是当时二程家乡洛阳地区的俗语，正是由于二程用了，编入了《近思录》，流行开来，才成为成语。但这几个成语，基本上一直在理学内部流行，一般人使用的还不是很多。

亭亭当当

这是程颐解释《中庸》里的一句话时说的。

《中庸》上说："喜怒哀乐之未发谓之中，发而皆中节谓之和。中也者，天下之大本也；和也者，天下之达道也。"程颐给弟子们解释说："中者'天下之大本'。天地之间，亭亭当当，直上直下之正理。出则不是。惟'敬而无失'最尽。"意思是说："中"是天下大的根本，是天地之间不偏不倚、直上直下的正理。人的喜怒哀乐之情一表现出来就不是"中"了（那就叫作"和"），只有谨慎地约束自己的感情而不失去中道，才是最大限度地接近"中"。

"亭亭当当""直上直下"，都是当时洛阳俗语，是不偏不倚，也就是"中"的意思。

程颐说，《中庸》说的"天下之大本"是什么呢？大本其实就是根本的理，用俗话说，就是“亭亭当当，直上直下之正理”。王守仁给黄省曾的信转述黄的话说：“觉其(良知)彻动彻静，彻昼彻夜，彻古彻今，彻生彻死，无非此物。不假纤毫思索，不得纤毫助长，亭亭当当，灵灵明明，触而应，感而通，无所不照，无所不觉，无所不达，千圣同途，万贤合辙。”

彻上彻下

《论语》记有孔子“下学而上达”的话。理学家认为，圣人的学说，有普通的知识，有高深的道理。“下学”就是学习普通的知识，“上达”就是通达、悟得了很高的道理。

由于高深的道理往往是没有办法用语言来表达、传授的，所以，学者要掌握高深的道理，就得注意学习普通的知识，在普通的知识中领悟高深的道理。

圣人的学说有“上”有“下”，但由于“上”必须由“下”领悟，所以圣人的很多话，讲的是“下”，但包含着“上”的道理，或者你领悟了其中的精神，或者你坚持照着这些话去做，你就通达了“上”了。所以，这些话，既是“下”，也是“上”，贯通上下，通达上下。用二程的话说，那就是“彻上彻下”之语。

比如，《论语》上记载子夏的话说“博学而笃志，切问而近思，仁在其中矣”。弟子们问程颐，“博学而笃志，切问而近思”，怎么“仁”就在其中了呢？“博学而笃志，切问而近思”，是个人为学的事，“仁”是你如何对待别人，怎么会“仁在其中”呢？程颐回答说：“你们要好好思考，明白了这个，那就是彻上彻下之道。”学、志、问、思是彻下，仁在其中是彻上。朱熹解释说：学、志、问、思，都是学问思辨之事，没有达到力行而为仁的地步。但如果在学、志、问、思上下功夫，心不外驰，而所存自熟，那就仁在其中了。又说：“于四者中见得个仁底道理，便是彻上彻下之道。”尽管“仁”

是要实际实行的，但你如果真正领悟了什么是“仁”和如何实行“仁”，“真知”才可能“力行”。“仁”是孔子思想的核心，它的含义很难解说，你在“学问思辨”中把握了至高的“仁”的精神，那就是“彻上”。

类似的，《论语》上说：“居处恭，执事敬，与人忠。虽之夷狄，不可弃也。”程颢曰：“此是彻上彻下语。”因为只有这样，才能达到“诚”的境界。看来“居处恭，执事敬，与人忠”都是做事的具体规则，但它关乎“诚”的至高境界，所以是“彻上彻下语”。

明代洪应明的《菜根谭》里有这样的话，“乐意相关禽对语，生香不断树交花”，此是无彼无此得真机。“野色更无山隔断，天光常与水相连”，此是彻上彻下得真境。吾人时时以此景象注之心目，何患心思不活泼，气象不宽平？

鞭辟近里

“鞭辟近里”有时也作“鞭辟入里”，有时也被说成“鞭辟向里”，也是程颢讲学时用的洛阳俗语。

他说：“学只要鞭辟近里，著己而已。故‘切问而近思’，则‘仁在其中矣’。‘言忠信，行笃敬，虽蛮貊之邦行之矣。言不忠信，行不笃敬，虽州里行乎哉？立则见其参于前也，在舆则见其倚于衡也，夫然后行。’只此是学。质美者明得尽，渣滓便浑化，却与天地同体。其次惟庄敬持养。及其至，则一也。”大意是说：学道只是要鞭策着自己加强内心修养，着力于自身而已。所以说“恳切地发问，就当前的问题思考”，那么“仁德就在其中了”。又说：“言语忠诚老实，行为忠厚严肃，即使到了边鄙异族之地，也能行得通。言语欺诈无信，行为刻薄轻浮，即使在家乡故里，行得通吗？当你站立的时候，就好像看见忠诚、老实、忠厚、严肃这些字在面前，乘上车时又好像这些字刻在车前的横木上，时刻不忘，然后才能行得通。”只如此才是学。那些质性好的人忠信笃敬做得彻底，胸中私欲都化尽了，廓然大公，就与天地一体。质性差些的人只有郑重严肃地守持修养，慢慢磨尽私欲。等到达到私欲灭尽的境地，就和质性好的人一样了。

朱熹解释“鞭辟近里”说：“此是洛中语，大约是要鞭督向里去。”此所谓“里”，即于内心修省而明善，要求省却外事。理学家强调为己之学，学习是为了提升自己的人品修养。这就是“近里”“入里”“向里”。

学习不“近里”，那就是外边的事，比如只是记住了圣人的一些话，追求写好文章，追求把话说得漂亮。或者读了圣人的书，只是要在别人面前炫耀，显示自己有学问。这些都是不“近里”。所以朱熹说“‘且省外事，但明乎善，惟进诚心’，只是教人‘鞭辟近里’”。清代的李颙也说：“一则文字知见义袭于外，原不曾鞭辟着里，真参实悟。”批评有人学习圣人之道，不是要按圣人的教导去做，不是提升自身修养，那就是“不曾鞭辟着里”。

图书在版编目（CIP）数据

切问近思 益心启智：悟解《近思录》／查洪德著．— 郑州：海燕出版社，2015.3（2017.2 重印）
（华夏文库．经典解读系列）
ISBN 978-7-5350-6080-8

Ⅰ．①切⋯ Ⅱ．①查⋯ Ⅲ．①理学-中国-南宋 ②《近思录》-研究 Ⅳ．① B244.75

中国版本图书馆 CIP 数据核字（2014）第 265130 号

华夏文库 经典解读系列

切问近思 益心启智

——悟解《近思录》

查洪德 著

出版发行：海燕出版社
（郑州市北林路 16 号 450008）
发行热线：0371-65734522
经 销：全国新华书店
印 刷：恒美印务（广州）有限公司
开 本：635 毫米 ×965 毫米 1/16
印 张：10 印张
字 数：125 千字
版 次：2015 年 3 月第 1 版
印 次：2017 年 2 月第 3 次印刷
定 价：18.00 元